高校辅导员工作案例精选

周虹先　主编

人民日报出版社
北京

图书在版编目（CIP）数据

高校辅导员工作案例精选 / 周虹先主编. -- 北京：人民日报出版社，2024. 8. -- ISBN 978-7-5115-8405-2

Ⅰ. G645.1

中国国家版本馆CIP数据核字第20240NA564号

书　　名：高校辅导员工作案例精选
Gaoxiao Fudaoyuan Gongzuo Anli Jingxuan

主　　编：周虹先

出 版 人：刘华新
责任编辑：万方正
装帧设计：李尘工作室

出版发行：人民日报出版社
社　　址：北京金台西路2号
邮政编码：100733
发行热线：（010）65369527　65369846　65369509　65369510
邮购热线：（010）65369530　65363527
编辑热线：（010）65369521
网　　址：www.peopledailypress.com
经　　销：新华书店
印　　刷：北京鑫瑞兴印刷有限公司

开　　本：710mm×1000mm　1/16
字　　数：200千字
印　　张：12.75
版次印次：2025年1月第1版　2025年1月第1次印刷

书　　号：ISBN 978-7-5115-8405-2
定　　价：58.00元

本书编委会

主　编：周虹先

副主编：刘　定　步永博　朱雨菲

编　委：李妍妍　张姝昱　张旭蕾

周子朝　张　颖

前言

高等院校被誉为人才培养的摇篮，也是无数青春梦想的启航地。在这片充满活力与激情的土地上，学生管理工作者扮演着至关重要的角色，他们如同一座座灯塔，指引着学子们在知识的海洋中航行，确保他们顺利抵达成功的彼岸。

在学校这所大家庭中，辅导员与大学生的关系无疑很密切。他们是学生成长路上的引路人，肩负着传授知识、塑造品格、引导人生观的重大责任。辅导员不仅关心学生的学业成绩，也关注学生的身心健康和全面发展。他们时刻关注着每一个学生的成长轨迹，用心聆听他们的声音，为他们及时提供帮助和支持。

在日常的学生管理工作中，辅导员会遇到各种各样的案例，这些案例虽然看似微不足道，却充满挑战。正确处理这些案例，既是对辅导员智慧的考验，也能提升他们的职业素养。每一个案例都是辅导员和学生共同经历的真实故事，反映了学生在成长过程中所遇到的问题和困惑。通过对这些案例的分析，我们可以从中吸取宝贵的经验教训，为学生管理工作提供有益的帮助。这些案例既有助于学生解决实际问题，也有助于辅导员提升综合素质和职业能力，使他们在未来的工作中更加得心应手。特别是对于新入职的辅导员来说，这些案例更是一笔宝贵的财富。通过学习这些案例，他们不仅能够吸取前辈的宝贵经验，也能激发创新思维，从而在工作中更加游刃有余。

本书为教育部产学合作协同育人项目“新文科视角下艺术类大学生思想

政治教育改革路径研究”（230816001607289）、江苏高校哲学社会科学研究一般项目“中华优秀传统文化深度嵌入高校思想政治教育研究”（2023SJSZ1215）阶段性研究成果。全书精选扬州大学部分学院辅导员在学生教育管理工作中的真实案例，根据教育部辅导员职业能力标准，分为八个篇章，全方位展示了辅导员的工作风貌。这些案例涵盖了学业指导、心理辅导、职业规划等多个方面，既具有代表性又具有普遍性。在编写过程中，我们汲取了其他高校辅导员的研究成果，参考了一些教材和文献。我们希望通过这本书为辅导员提供一个互相交流学习的平台，共同推动高校学生管理工作的创新与发展。

当然，由于水平有限，书中难免存在不足之处。衷心希望读者能给予宝贵的意见和建议，与我们一同为学生管理工作添砖加瓦。让我们携手努力，为培养更多优秀人才贡献自己的力量！

编者

2024年3月

目 录

第一章 思想政治教育篇……1

案例一 助力学生考研……2
案例二 助学扶志 携手筑梦……4
案例三 温情相伴 解开心锁……7
案例四 考研还是出国留学……9
案例五 “另类”学生的思想教育……12
案例六 受助学生的蜕变……15
案例七 怎样找到专业与兴趣的结合点……18

第二章 学业指导篇……21

案例八 专科生如何顺利实现专升本?……22
案例九 学业困难生如何走出困境……25
案例十 理论学习与艺术实践的平衡……27
案例十一 留学生如何顺利完成课程学业……29
案例十二 项目申报开启学术之路……32
案例十三 诚信考试 远离作弊……34
案例十四 “三困生”的成长之路……36
案例十五 初战“大创” 定向指导……38

第三章　日常事务管理篇…… 41

案例十六　缺乏有效沟通引起宿舍矛盾…… 42
案例十七　开展消防安全教育　助力平安校园建设…… 45
案例十八　提高警惕　谨防电信诈骗…… 47
案例十九　宿舍安全无小事…… 50
案例二十　如何远离网络暴力…… 53
案例二十一　宿舍不良习惯带来的冲突…… 56
案例二十二　军训期间的生日派对…… 59
案例二十三　宿舍中发生的矛盾如何化解…… 61
案例二十四　沟通、理解与尊重是消弭矛盾的良药……64
案例二十五　人文关怀　为学生成长护航…… 67

第四章　党团和班级建设篇…… 71

案例二十六　党建领航团建路…… 72
案例二十七　完善党员教育管理模式　提升支部服务力…… 75
案例二十八　提升学生干部的工作能力和积极性…… 78
案例二十九　特色微党课　追忆奋斗百年路…… 81
案例三十　创新支部活动　打造“红色演出团”…… 84
案例三十一　班级是我家　荣誉靠大家…… 87
案例三十二　特色党建激发党支部活力…… 90
案例三十三　拒绝“躺平”　争做新时代好青年…… 93
案例三十四　调动新生积极性　增强班级凝聚力…… 95

第五章 心理健康教育与咨询篇……97

案例三十五 治愈心灵 呵护成长……98

案例三十六 倾听心灵声音 关注心理健康……101

案例三十七 筑牢新生心理健康的第一道防线……104

案例三十八 走出心灵困境 展望未来蓝图……107

案例三十九 沟通化解心结 理解给予自信……110

案例四十 独生子女如何适应大学新生活……113

案例四十一 毕业生如何缓解压力……116

第六章 职业规划与就业指导篇……119

案例四十二 追梦路上 永不止步……120

案例四十三 圆梦西部 支援边疆……123

案例四十四 优秀毕业生的求职经历……126

案例四十五 扬长避短 找到自己的路……128

案例四十六 点燃激情 成就卓越……131

案例四十七 发掘自身潜力 找到适合自己的职业……134

案例四十八 考研路上的工作机会 抓住还是放弃……136

案例四十九 就业还是读博的选择难题……139

案例五十 毕业就创业 自己做老板……142

案例五十一 保研还是出国 求稳还是勇闯……145

第七章　危机事件应对篇……147
案例五十二　校园安全大于天……148
案例五十三　如何处理宿舍矛盾……151
案例五十四　如何走出失恋阴影……154
案例五十五　看似“馅饼”实为陷阱……157
案例五十六　家校联动　助力学生成长……159
案例五十七　用沟通和包容化解宿舍矛盾……162

第八章　理论与实践研究篇……165
案例五十八　辅导员如何提升自己……166
案例五十九　如何培养学生干部……169
案例六十　事事有回应　建议成就双赢……172
案例六十一　如何缓解师生紧张关系……175
案例六十二　电影沙龙拓宽学生视野……178
案例六十三　情系校园　文明离校……180
案例六十四　新生报到　助力起航……182
案例六十五　对“问题学生”如何因材施教……184
案例六十六　化被动为主动　我要听讲座……186
案例六十七　如何推进党、团、班一体化建设……189

第一章 思想政治教育篇

辅导员作为高校学生管理工作中的重要成员，是学生思想政治教育工作的组织者、实施者和指导者，应该把握时代脉搏，创新思政教育工作方法，做到因事而化、因时而进、因势而新。本章主要包括辅导员思想政治工作的内容及特点，如何创新思政教育工作，有针对性地帮助学生处理好学习、生活上的问题。

案例一 助力学生考研

一、学生遇到的问题

张同学是某高校音乐专业的一名硕士研究生。在本科期间，她多次担任学生干部，获得许多荣誉证书。大三时，她决定参加硕士研究生入学考试，继续提升自己的学历。在家人的建议下，她选择报考某师范类大学，但结果距国家线还差 10 分，没能进入面试。考学失利让她有很大的挫败感。此时已经面临毕业，身边的同学大多已经找到工作，她错过了找工作的最佳时间，不禁对未来有些迷茫，是继续坚持考研，还是匆忙找工作？

二、辅导员的处理

在张同学考研失利后，辅导员统计学生考研情况时注意到了她的成绩，主动找她进行谈话。她的成绩没有过 A 区国家线，但到了 B 区国家线，辅导员提出可以进行调剂，B 类地区也有许多好学校可以选择，但张同学明确表示不愿调剂后，辅导员表示理解并且支持。之后，针对她的个人情况，辅导员鼓励她可以先工作，边工作边复习，来年再考一次。张同学在校连续多年担任学生干部，有较好的工作能力，并且学习能力强，可以协调好工作与学习之间的关系。此外，辅导员还分析了她的考研成绩，建议她在专业课科目二上调整学习方法，对她进行鼓励与肯定，增强了张同学考研信心。

张同学第二年准备考研时，辅导员联系她的专业课老师，请老师定期与张同学沟通，帮助她解决学习上的疑难问题。成绩出来后，辅导员主动联系她，从专业技能角度给予她未来职业规划方面的建议。通过谈话，张同学对自身情况有了更加清晰的认知，及时调整了学业方向，最终调剂到了一所综合类大学，继续学习自己喜欢的专业。

三、学生工作方法总结

1. **密切关注学生考研、就业心理动态，做学生的倾听者**。学生在完成大学学业、身份即将从学生转变到工作人员之际，心理波动变化较大，可能会感到不安、迷茫、焦虑。作为辅导员，应密切关注每个学生在此过程中的心理动态，多与学生谈心、交流、分享经验，耐心倾听学生在求学、求职过程中遇到的问题。必要时，辅导员要及时进行干预，帮助学生。

2. **持续提升就业指导等工作技能，做学生升学、求职路上的指导者**。辅导员应通过提升自身的就业指导工作技能，针对不同学生的就业问题进行个性化指导。改变以往的单纯推荐或建议的模式，转变为专业化、网络化、全程化的指导。在张同学的案例中，辅导员全程关注她的动态，并在她准备考研复试时帮助她分析学校信息，最终助力她考上满意的学校。

案例二 助学扶志 携手筑梦

一、学生遇到的问题

小雅同学是某学院某专业的一名大二年级学生，家庭经济情况困难，在学校申请了国家助学金，以补贴上学期间产生的费用。但该学生在校期间沉迷于手机游戏，在某款游戏中，频繁花钱购买游戏装备。某同学偶然发现小雅在游戏中购买装备后，找到辅导员，认为应该取消她获得助学金的资格，并把它给予更需要帮助的同学。

二、辅导员的处理

辅导员对此事密切关注，立即与小雅及其班级学生干部沟通，并与班主任商议解决方案。随后，辅导员与小雅单独交谈，深入了解她的家庭经济情况。在交谈中，辅导员发现小雅的家庭经济状况确实需要这笔家庭经济困难学生助学金，但小雅面临的问题不仅是经济困难，还涉及心理、精神等方面。与小雅的交流中，辅导员着重向她阐明了助学金的作用和意义，让她对于自己在游戏中充值的行为以及如何对助学金进行合理规划有一个正确的认识。同时，注重通过沟通发挥思想政治教育育人的作用。辅导员鼓励她积极参与社会实践活动，将注意力从虚拟的网络世界转移到现实生活中，在丰富的实践活动中充实自身、积累知识、增长才干，提升个人综合素养。

针对小雅同学的心理状况，辅导员鼓励她多参加班级活动，尽量融入集体生活中去。如果有无法排解的心理压力，可以与心理健康中心的心理咨询师预约进行心理疏导，及时对自己的情绪进行调节、缓解释放压力，如有必要可以去医院检查。在校期间，辅导员定期与她进行沟通，关注她的个人情况以及心理状况，在学期末时，小雅同学已经能够与同学们维持良好的人际关系，并逐渐树立正确的消费观，合理规划助学金的使用。辅导员也与反映该情况的同学做了解释说明，小雅同学的家庭经济情况确实需要助学金的帮助，学院暂时不考虑取消其助学金，也对该同学积极向老师反馈相关问题的行为做出了表扬。

三、学生工作方法总结

在高校中，家庭经济困难学生面临着来自经济、思想、学习、心理和就业等方面的巨大压力，这些因素往往会对他们的身心发展造成影响。许多家庭经济困难学生都会面临一些思想状况上的问题。辅导员需要发挥思想政治教育育人的作用，既要“扶志”，又要“扶智”，要精准地对学生进行帮扶，注重家庭经济困难学生个人素质的提升，促使他们全方位发展。

1. **在日常工作中让学生明白助学金的价值意义**。国家每年对经济困难学生提供助学金资助，旨在帮助他们缓解经济困难。但更重要的是，辅导员和班主任在审核和发放助学金时，应该帮助这些学生树立感恩、助人自助、自立自强的观念，这才是核心，也是“扶智”的宗旨。

2. **精神帮扶与经济帮扶双管齐下**。精神层面上，充分发挥思政育人功能，学生入学之后，辅导员要与专业课老师进行联动，与学生多交流，关心学生的学习和生活状态，引导学生直面困境，正确认识自我；鼓励学生打开心扉，正常与同学进行人际交往，积极参与班级活动和社团活动，把自己融入集体中。在小雅的案件中，辅导员关注到她的心理健康状况，采取一系列举措，经过一段时间的调整，该生开始慢慢发生转变，与其他同学的矛盾有所缓解，脸上的笑容多了，也更加自信了，并且参加了不少实践活动，在实践中各方面能力都得到了很大的提高。

3. **加强家庭经济困难学生自立自强教育，为学生搭建锻炼平台**。辅导员在工作中要注重加强学生自立自强教育，引导学生正视经济困难，正确看待物质生活，认同物质的重要性，但不能过度追求物质享受。在小雅同学身上，可以发现她没有正确对待助学金，没有正确的消费观，需要老师进行引导。辅导员要积极为家庭经济困难学生搭建锻炼平台，扩大其交际面，鼓励其参加社会活动，从参与勤工助学开始，逐步扩展到其他方面。既能给其一个展示自我的机会，又能够缓解其生活压力，一举多得。

4. 加强家庭经济困难学生职业生涯规划及就业指导。在不少家庭经济困难学生的眼里，求学的最终目标就是就业。就业的压力加上对未来未知的恐惧使得其内心备受煎熬。因此，要加强家庭经济困难学生职业生涯规划及就业指导，帮助学生了解就业形势，分析自身能力的不足，找到努力的方向和目标，提升个人的综合能力，提早为就业做准备。

案例三 温情相伴 解开心锁

一、学生遇到的问题

小朱同学和小刘同学均为大一新生，军训时担任不同方阵的负责人。在军训期间，小朱同学作为军训负责人，积极协助老师和班主任收集材料，并在训练期间协助教官完成军训，自认为表现不错。然而，军训结束后，小朱同学军训成绩虽然不错，却并未获得军训“最佳学员”的荣誉称号。反而隔壁方阵的负责人小刘同学获得了该荣誉称号。这让小朱同学感到不公平，产生了负面情绪，甚至认为评选过程中教官未遵循公平原则，小刘同学是因为与教官关系好才得到了奖项。该如何化解小朱同学的负面情绪，引导其正向思考呢?

二、辅导员的处理

当辅导员得知小朱同学在军训结束后产生了负面情绪，第一时间与她沟通，并与军训教官取得联系，了解军训过程，还侧面向班级其他同学了解情况。在积极沟通后，小朱平复了情绪，表示会以饱满的状态投入新的学习生活中。

首先，辅导员对小朱同学在军训期间的表现给予了肯定，并安抚了她的情绪，向她说明在大学期间有许多实践活动可以参与，获得荣誉奖项的机会很多。其次，辅导员告诉小朱，小刘作为另一位军训负责人，也为方阵队伍做出了贡献，如整理班级同学的入学材料等。另外，辅导员还向小朱同学详细介绍了奖项评定细则，指出担任军训负责人职务只是评定加分中的一项，日常训练表现和个人分数也是关键因素，只有最终综合分数靠前的同学才可以获得该荣誉。在与辅导员的谈话中，小朱逐渐缓和了情绪，并理解了奖项评定的原则。在辅导员的鼓励下，小朱表示将积极参与各项活动，努力丰富自己的大学生活，从多方面提升自己。

三、学生工作方法总结

辅导员在遇到学生存在情绪问题时，应该及时予以关注，并且与学生谈心谈话，进行有效疏导。

1. **关注学生个体差异，因材施教，为处于困境中的学生提供所需的知识、方法和技巧**。以小朱为例，她非常重视荣誉的获得，辅导员就要“对症下药”，向其介绍大学有各种各样的途径可以获得荣誉，鼓励其保持积极向上的学习生活状态，增强自身核心竞争力，在这个过程中不断帮助学生纠正错误的认知。

2. **表达对学生的支持，遵循以人为本的教育理念**。辅导员在关注学生以及谈话沟通的过程中，可以通过肢体、语言表达对学生的尊重和理解，在学生遇到问题时，主动陪伴并与其一起面对。学生在表达自己的想法时，辅导员要耐心倾听，让学生感觉自己被重视，适时地使用同理心，站在学生的角度去理解他们的问题及其相关行为。

案例四 考研还是出国留学

一、学生遇到的问题

毕业后的未来发展规划是大学生必须面对的问题，也是他们追求成功和实现梦想的关键步骤。薛同学在校成绩优异，各方面能力综合发展，是老师和同学们心中的“学霸”。然而，在面对毕业后的未来发展规划时，他陷入了僵局。薛同学有考研或出国留学的打算，并且平时也在努力为此学习，如报名语言班提高语言能力、准备自己的作品集等。然而，随着毕业时间的临近，同学们发现薛同学变得沉默寡言，也不再参与班级活动了。

经过了解发现，薛同学前期在语言学习方面投入了大量的精力，但与国外大学的语言要求还有一定差距。留给他的时间非常有限，这使他压力倍增。但如果放弃出国留学选择考研，那么前期所投入的努力仿佛就全都白费了，考研所面对的挑战也让他缺乏信心。在这样的纠结中，薛同学不知不觉浪费了很多时间，当他回头看时，发现自己错过了很多学校、学院组织的活动，在同学们朝着自己目标奋斗并享受青春时，他陷于自己的矛盾中，浪费了时间，也增加了心理压力。

薛同学认为自己的大学生活失去了本应有的意义，突然没有了方向，一直深陷痛苦之中。他该怎么办呢？

二、辅导员的处理

在发现薛同学的状态后，辅导员找到了薛同学，与他进行了深入的交流。在了解了他的困扰后，辅导员耐心地为他分析了当前的形势，并为他提供了一些有帮助的建议。

首先，辅导员建议他可以通过阅读书籍、参加社会实践活动、与优秀人物交流等方式开阔视野，增长见识，培养正确的人生观。世界观的形成是一个长期的过程，需要不断地学习、实践和反思。因此，辅导员建议该同学保持开放的心态，积极接触不同的文化和思想，以丰富自己的精神世界。

其次，辅导员告知该同学，人生中的每一个阶段都有其独特的意义和价值，大学阶段也不例外。在这个阶段，除了学习专业知识外，更重要的是要培养自己的综合素质和能力，包括人际交往、领导力、创新思维等，以此树立正确的价值观。这些能力在未来的职业生涯中同样非常重要。

再次，辅导员还建议薛同学可以积极参加团队活动和社交活动，增强自己的社交能力和团队协作精神。在未来的职业道路上，团队合作与沟通能力至关重要。通过参加团队活动和社交活动，同学们可以结交更多的朋友，拓展自己的人脉资源，为未来的职业发展打下坚实的基础。

最后，辅导员鼓励薛同学要保持积极向上的态度，相信自己的潜力和能力。每个人都有自己的优点和长处，只要发挥自己的优势，努力学习和实践，就一定能够取得成功。同时，辅导员也提醒薛同学在学习过程中要保持谦虚和自省，时常反思自己的不足，不断完善自己的人格。

经过辅导员的耐心开导，薛同学渐渐恢复了信心和勇气。他重新审视了自己的计划和目标，制订了更为切实可行的计划。同时，他开始积极参加学院组织的活动，与同学们一起互动交流。

辅导员应该让同学们明白，无论选择哪条路，都需要坚定地走下去，勇敢地追求自己的梦想，保持一颗勇敢的心，积极面对未来的挑战。适当地选择在所难免，但要结合自己的情况和他人的意见尽快确立目标，不可沉陷其中而浪费时间。

三、学生工作方法总结

大学生毕业后的未来发展规划是非常重要的，它关乎每个人未来的职业道路和人生发展。毕业后的规划不仅仅是对未来职业的一个简单设想，更是对整个人生道路的深思熟虑。

1. **加强思想政治教育**。大学应该加强对学生思想的引导和教育，帮助他们树立正确的世界观、人生观和价值观。这不仅能够培养学生的社会责任感和公民意识，还能够为他们的未来发展奠定思想基础。

2. **完善制度建设**。政府和高校应该加强合作，共同推进就业创业制度的完善。政府可以出台更多鼓励大学生创业的政策，如提供创业资金、减免税费等，同时，高校也可以开设更多的创业课程和实践基地，为学生提供更好的创业环境和平台。

3. **提高大学生综合素质**。鼓励大学生积极行动起来，提高自己的综合素质和能力。一方面，他们可以通过参加各种社会实践、志愿服务等活动，积累社会经验和人脉资源，为未来的职业发展打下坚实的基础。另一方面，他们还可以通过不断学习和进修，提高自己的专业技能和知识水平，增强自己的竞争力。

案例五 “另类”学生的思想教育

一、学生遇到的问题

小程，来自一个单亲家庭，家中还有一个弟弟，父亲在小程小学期间不幸因病去世。母亲工作繁忙，对他兄弟俩缺少陪伴与关爱。小程从小就缺乏父爱和母爱，个性比较独特。经过紧张的初高中阶段的学习，小程虽考取了大学，但并未如愿进入自己心仪的大学，导致入学后情绪比较低落。进入大学，学习节奏较高中时期相对“缓慢”，由于环境的变化，小程同学的潜在问题开始逐渐显露，经常在朋友圈散布一些不太健康的图片，也会发布一些消极、负面的言论，学习上也提不起兴趣，经常迟到、旷课。鉴于其特殊的行为表现，辅导员老师陷入了沉思。面对这样的“另类”学生，应当如何进行正向引导？

二、辅导员的处理

“另类”学生中，留守儿童比例较大，他们普遍缺失家庭的关爱，言行举止通常会使他人感到难以理解。“另类”学生大多喜欢惹是生非，经常会给其他同学带来困扰，也让老师们头痛不已。案例中，造成这种问题出现的原因主要有两方面：一方面是家庭环境。小程的家人忽视了对小程价值观正确引导，致使他从小缺少家人的陪伴和关爱，在家庭中不但没有得到各方面的呵护，反而受到冷漠、无视。从这样的家庭中走出来的孩子，为了寻找一种内心平衡，往往容易做出偏激行为，这样做只是为了使其他人能够关注他。另一方面是成长环境。小程的行为与他长期的生活环境密切相关，该生在初高中时由于学习和艺考的压力过大，在进入大学以后，没有了家长的约束，进入了相对轻松的大学生活，从小养成的不良习惯和不正确的三观在大学期间都显露了出来。

对于这种“另类”学生，辅导员根据从家庭、班级、班主任老师那里获得的学生资料，全方位了解学生情况，因材施教，制定有针对性的沟通策略，为学生定制了一份“特色档案”。在与程同学的沟通中，辅导员首先表示自己对他有充分了解，根据他开学后大一的上课情况，建议他回家休息调整一年，程同学欣然同意。在休学期间，辅导员与其保持密切沟通，了解他的心理情况、生活状态与学习情况，与他分享学院的一些活动，增进程同学对学院的感情。休学满一年后，程同学办理复学，辅导员老师与其新班主任进行了充分沟通，学院为其配备了优秀专业老师与他结对，从文化学习和专业实践方面帮助程同学更好地适应大学生活，最后程同学顺利完成学业，毕业后状态良好，并开启了自己的创业之路。

三、学生工作方法总结

校园中的“另类”学生是不应被忽视的。辅导员要从实际出发，认真分析“另类”学生的心理，积极探索行之有效的教育方法，帮助这些学生健康地成长。对待此类学生，辅导员可以从以下几个方面入手。

1. **平等对待每一位学生，不戴有色眼镜视人**。不论是成绩优秀的学生还是“另类”学生，都要公平对待。深入了解学生，多倾听学生的声音，多了解学生的诉求，当老师摘下了“有色眼镜”，自然而然地把这类学生作为朋友时，就会用真爱打动他、感动他，他们就不会再抵触老师，对老师的批评教育也乐意接受。尽量做到让学生面对辅导员时不隐瞒，不胆怯，他们就会细心体会来自老师的关爱，并自觉改正自己的不良行为，真正做到“亲其师、信其道”。另外，在对待“另类”学生时，要对学生的情况保密，尊重个人隐私，维护学生尊严。

2. **善于发现学生的闪光点，并及时进行表扬**。只要辅导员用平静的心态、平等的眼光去看待他们，就会发现他们身上的优点。小程虽然经常做出常人不能理解的行为，但是，小程的专业能力一直都是值得赞叹的，辅导员经常鼓励他多参加活动、比赛，专业课老师也经常在课堂上表扬小程，给予小程自信心。后来，小程经常主动去琴房练琴，也在许多比赛中获得了好成绩。

3. **对特殊学生给予持续关注**。学生在后续的学习、生活中是否有所改进，也是辅导员工作的一个重要任务。经过一段时间的沟通和跟进后，小程的状态明显好转，但仍不能放松对该生的管理，要发挥党员等学生干部的作用，对小程同学进行帮助，在日常的学习和生活中，给予持续关注，助力其顺利毕业。

案例六 受助学生的蜕变

一、学生遇到的问题

小曾同学家庭条件一般，在大一刚入学的时候申请了国家助学金。为了做好家庭经济困难学生的鉴定工作，该班级成立了家庭经济困难评议小组。但在评议结束之后，某位小组成员将小曾同学家庭的情况，告诉了班级其他同学。小曾同学在知道这件事情之后，向班主任表达了不满，并且开始有意逃避集体活动，学习成绩也有所下降。根据班长的反映，小曾同学自尊心很强，反感其他人提及他的家庭情况，平常不爱讲话，同学们感觉他不好接触，这更加导致同学们不与他交流互动。敏感的曾同学如何走出困境，实现自我突破？辅导员如何更规范地处理家庭经济困难评议？

二、辅导员的处理

辅导员在得知这一情况之后，首先对那位班级家庭经济困难小组评议成员进行了批评教育，强调在做家庭经济困难鉴定工作当中，一定要顾及他人的隐私，在尊重学生的隐私基础上再开展工作，做好保密工作。其次向班长以及曾同学的舍友询问该生目前的生活、学习状况，进行全面了解。辅导员多次进行宿舍走访，约小曾同学在办公室、操场等地方谈心，了解到小曾同学来自偏远山区，家里有 7 口人，年迈的爷爷、奶奶，一个弟弟，两个妹妹。家里的主要收入靠父亲务工。在上大学之后面对自身与周围学生的经济差距，有强烈的自卑感。小曾知道自己的家庭信息被泄露后，感觉身边的同学都在议论自己的家庭，逐渐变得异常敏感，对学习和生活失去了信心，觉得这不是他所期望的大学生活。

在全面了解情况之后，辅导员为了能够有效地解决小曾同学的问题，在与他聊天的过程中，以朋友的身份拉近与他的距离，帮助他分析所面临的困境。第一，从偏远地区考到江苏城市上大学，地区经济水平的差异给他带来了经济上的压力。第二，小曾同学的专业水平在之前的学习环境当中属于佼佼者，但是来到大学之后发现自己的能力处于中下等，由此产生了不自信。第三，小曾同学作为家里最大的孩子，知道家庭需要一些经济上的帮助，但是学生目前无能为力，有一些矛盾冲突。

在近一个月的谈话疏导过程中，辅导员发现了小曾同学的优点，小曾同学对于自己专业上的要求还是很高的。于是，辅导员联系专业老师说明了小曾同学的情况，与专业老师共同给予学生关心，小曾同学得到专业老师的认同后状态有所好转。同时辅导员鼓励小曾同学进入学院学生组织，通过参与并组织一系列活动，通过一次次的表演，他渐渐结识了更多的朋友，在演出中找到成就感。另外，辅导员与小曾的舍友也进行了沟通，鼓励其室友在日常生活当中多询问他的意见，让其在宿舍生活当中找到归属感；辅导员还联系学校资助中心，鼓励小曾同学参加勤工助学，缓解经济压力。

随着不断对其帮助以及引导，小曾同学的状态越来越好，面对现实的困难也会有积极的行动，与同学们的关系也越来越融洽；在社联、资助中心的工作也很投入，得到了同学们的尊重和认可。他逐渐走出了自己的心理阴影，明白贫困只是暂期状态，自己奋斗努力才可实现生命价值。

三、学生工作方法总结

对家庭经济困难学生的帮扶工作是辅导员工作中十分重要的一环。

1. 针对学生的困难程度构建物质上的帮助。对于改善学生生活条件要有切实的政策，如提供勤工助学的岗位、申请助学金，等等。

2. 构建道德浸润、精神激励有效融合的长效育人机制。辅导员要加强对家庭经济困难学生的思想教育和心理疏导，帮助学生产生积极向上、克坚攻难的内心驱动力。物质、经济层面的扶助虽能在一定程度上缓解其经济压力，但未必能解决其精神压力以及可能产生的心理问题。因此，辅导员要加强对学生的思想教育，在学业上给予关怀和指导，对不良心理状态及时开导和教育，帮助其真正实现自立自强、有韧性地成长。

3. **提升家庭经济困难学生科技素质和职业技能**。辅导员应引导他们加强专业知识学习，同时鼓励他们积极参加各类活动，激发潜能，全面提升综合素质。通过在校期间社会实践、兼职等形式，提高他们的协调组织能力、抗压能力、社会交际能力等。

4. **加强网络化管理与日常管理**。辅导员可以通过建立“辅导员—学生干部—党员—宿舍长”的四级机制，让日常管理进课堂、进宿舍，引导学生平衡好学习与生活以及人际交往等方面关系，树立正确的人生观、价值观、消费观。

案例七 怎样找到专业与兴趣的结合点

一、学生遇到的问题

小夏同学从小学习音乐，但是从未想过未来从事音乐方面的工作。高中阶段由于文化成绩不够优秀，为了考取较好的学校，小夏同学选择参加音乐艺考，从此走上了专业音乐这一条道路。临时走上音乐道路，小夏同学对于该专业并未有清晰的了解，在听从家长、老师们对未来就业的建议后，小夏同学选择报考了音乐教育专业，最后成功被某大学录取。

进入大学校园后，小夏同学对本科阶段的学习目标，没有很明确的认识，只能通过阶段性学习应对各项考试，并不能形成一个较为完全的知识结构。小夏同学没有明确目标，无法准确感知自己感兴趣的课程是什么，也没有获得感兴趣的研究方向。对此，小夏同学感觉到非常迷茫，对自我能力也产生了怀疑，且很难找到专业与自己兴趣的结合点，不知道怎样将自己的兴趣与这样一个非常需要技能的专业融合起来。由于音乐专业的特殊性，小夏同学无法转专业，只能继续音乐专业学习。小夏同学陷入一种想努力改变却不知如何行动的困境中，该怎样做才能走出来，找到专业与自己兴趣的结合点？小夏找到辅导员寻求帮助。

二、辅导员的处理

辅导员在得知小夏同学的困惑后，与她进行了沟通交流。在全面评估小夏同学的情况后，建议她不走专业技能型道路，而是转向较偏理论方向的学习，在完成基本课程学习之后发展综合能力，培养一些基于专业的其他方面的兴趣爱好。

首先，了解到小夏同学因为高考成绩而选择音乐道路，并对音乐专业的学习感到迷茫，辅导员明确告知小夏同学音乐专业的特殊性。小夏同学选择音乐专业的理由较为现实，并未过多结合自身的爱好，虽然从小学习声乐，但与其他音乐专业学生相比，其专业技能较为薄弱，所以对于音乐专业学习感到迷茫。音乐专业的特殊性也使得小夏同学没有转专业的机会，需要慢慢在音乐专业中培养兴趣，找到自己的擅长点，扬长避短，对未来做出合理的规划。音乐教育专业也有其自身的优势，有多种就业路径，可以提前规划。

其次，因为小夏同学的专业技能较其他同学薄弱，辅导员建议其学习重点可以偏理论，弱化专业技能。小夏同学因为专业技能学习过程中的力不从心，感到对未来的迷茫，对自己产生怀疑。辅导员首先安抚了小夏面对专业技能学习的恐慌，为小夏同学规划出一条切实可行的未来发展道路。

最后，辅导员开导小夏同学，指出近年来很多毕业生的工作与所学专业不对口。本科阶段是每位学生自主选择较多的阶段，且本科阶段更为注重人的全面培养，发展综合素质。辅导员引导小夏同学结合自身爱好，去参加学校组织的各项活动，为个人素质的全面提升拓宽思路，并提供切实有效的路径。

三、学生工作方法总结

高校辅导员是帮助大学生适应新环境、找到生活目标的“大家长”。学生的就业方向、人生目标是高校辅导员工作的重点，要根据学生的思想和心理动态，打造重要的交流平台，助力大学生健康快乐成长。

1. **了解所在院系的学生培养计划**。我国是中国共产党领导的社会主义国家，这就决定了我们的教育必须把培养社会主义建设者和接班人作为根本任务，培养一代又一代拥护中国共产党领导和我国社会主义制度、立志为中国特色社会主义奋斗终生的有用人才。以专业艺术教育为例，专业艺术教育要注重内涵建设，需与学科建设、产业发展、社会需求、艺术前沿有机衔接，增强人才培养和社会经济发展的契合度，着力提升学生综合素养，培养造就文化底蕴丰厚、素质全面、专业扎实的艺术专门人才。辅导员要树立大局观，以此为基点，结合专业特点，引导培养学生。

2. **关注学生的学习理念**。就音乐专业而言，学生在进入高校学习音乐专业时，不仅要努力学习音乐知识，同时也需要辅导员不断督促，规划未来职业发展。很多情况下，高校音乐专业的学生在毕业后大都会从事音乐事业，因此在学习音乐中，应努力提升自己，明确自己的学习理念和学习目标，让自己获得充实的知识积累，为未来的发展奠定基础。引导学生培养正确的音乐价值观，专心学习音乐知识，不断提升自身的素质。

3. **及时给予学生人文关怀**。辅导员应当注重学生心理、情绪等方面的变化。因为专业学习力不从心，而对该专业丧失信心的学生屡见不鲜。辅导员要时时关心，对于技能学习薄弱的学生，鼓励其“另辟蹊径”；对于理论学习较为薄弱的学生，鼓励其走上技能道路。引导学生寻找适合自我的道路，因材施教，扬长补短。肯定学生的每一个进步，树立学生专业学习的自信心。

第二章 学业指导篇

本章内容涵盖了高校中学生面临的升学压力、学业提升、学习实践、学术研究等诸多问题，通过案例分析，深入了解这些问题，并探讨辅导员如何通过有效的措施和方法，为广大学生创造一个积极、健康、和谐的学习环境，并为建立良好学风提供心理支持，帮助学生克服各种困难，实现全面发展，为学生顺利毕业奠定坚实基础。

案例八 专科生如何顺利实现专升本？

一、学生遇到的问题

2018 年的夏天，小轩同学遗憾未能如愿考入心仪的本科学校，而是被某大学艺术学院录取，成为一名专科生。但是小轩同学并没有气馁，入校后学习认真，文化成绩和专业成绩名列前茅，多次获得校级奖学金。

怀揣着为同学服务的信念与更高的人生理想，小轩同学在入学后就志愿申请加入中国共产党，在学生工作方面担任班长，负责班级各类事务，为班级同学提供服务，在专科读书期间光荣入党。

在 2020 年全国统一专升本考试中，小轩同学以第一名成绩考入某大学进行专业学习。进入心仪的学府后，小轩同学积极参与学校的艺术活动，获得了较好的成绩。在短短的两年本科学习生涯中，小轩同学不仅拿到了校一等奖学金，还在大四下学期成功通过教师编制考试，获得校级“优秀毕业生”的荣誉。大学毕业后，进入一所小学担任教师。专科生如何通过规划与努力实现专升本并找到心仪的工作？这是一个值得探讨的案例。

二、辅导员的处理

我国的专升本教育是从 1987 年的成人高校试办并逐步扩大至普通高校，为专科生、高职生的深造提供了平台。专升本学生和高等学校普通本科生都是在校大学生，有很多共性，但与普通本科生相比仍有区别。辅导员应耐心地了解专升本学生的具体情况，有针对性地引导、培养每一位学生，促进其全面发展。

首先，小轩同学在专科期间表现优异，且以笔试第一的成绩进入本科学习，但考入理想学府后不能很好融入高校普通本科生的生活，自认与他们还有些许差距。辅导员敏锐地意识到这一点，在初次见面时便肯定了小轩同学的优秀表现，在日常学习生活中采用积极向上的鼓励式教育，帮助他重新树立自信心，更好地适应本科生活。

其次，面对专业学习，辅导员不断鼓励小轩同学参加校级的各类文体活动和专业比赛，以提升他的专业能力。小轩同学来自专科学校，其培养方向、培养目标等与本科教学有所区别，且专升本入学考试只考少数核心课程，因此小轩的专业基础与普通本科生存在一定差别。通过参与大量与专业相关的比赛和活动，小轩同学以赛代练，更好地认识了自己的专业水平，并通过教师的指导和观摩优秀演奏等方式提升了自己的专业能力，为将来考取教师编制打下了坚实的专业基础。

最后，面对择业时，辅导员考虑到小轩同学在一直以来的学习生活中乐于为同学奉献，其自制力、内驱力、责任心等较为优秀，在面对择业时，有一定的自我思考，综合小轩同学的个人能力与性格，并结合专业行业现状、职业前景等，建议小轩同学尝试报考教师编制考试。通过认真准备，小轩同学顺利考取教师编制。

三、学生工作方法总结

专升本学生是个特殊的群体，有自身的优势和特点，需要辅导员在日常生活中多点耐心，多点鼓励。小轩同学可以看作是专升本学生破茧成蝶的一个典型案例。

1. 帮助专升本学生尽早融入新校园。面对专升本的学生，高校辅导员首先应该鼓励和保护每一位专升本学生的初心，帮助他们尽快融入新校园，以更好的状态投入本科阶段的学习。辅导员可以入学教育为契机，积极帮助学生了解本科与专科学习的区别，对比分析，解读培养方案。可以邀请上届专升本的学长学姐进行经验分享，带动专升本新生尽早融入新的学习环境，增强归属感和集体荣誉感。

2. **时时关心，常常帮助，偶尔治愈**。对于刚入学的专升本学生来说，他们都非常珍惜这次学习机会，且因为学习背景、生活环境、群体数量等与普通本科学生不同，因此面对新的环境及更高的学习要求，专升本学生心理更脆弱和敏感，自我危机感更强。需要辅导员细化学生日常事务管理，增强他们的归属感。在日常事务管理中，公平、公正、公开地进行各类评定工作。同时，辅导员平时要多与学生谈心，深入了解学生，给予他们支持和鼓励。时刻关注学生的心理状态，对于个别因学习差而有挫败感的同学，需要及时、重点关注，增强他们的归属感，帮助他们重塑自信心。

3. **加强学生的职业规划意识**。辅导员应当培养学生有意识地进行职业规划，激发学生的内在驱动力。辅导员可以在学生入学后，指导每位学生从自身出发，做一份适合自己的职业生涯规划书，全面分析自身的优势和劣势、特长与不足，确定自己的短期、长期目标，并鼓励学生付诸实践。对于完成目标的学生及时表扬，力争让每一位专升本的同学都努力破茧化蝶，有一个美好的未来。

案例九 学业困难生如何走出困境

一、学生遇到的问题

小王同学是一名大三学生，他在日常学习生活中缺乏规划，学习成绩一直处于班级末尾。他也从未主动参与过学术活动或竞赛，也没有任何获奖记录。大一、大二时课程较多，小王同学并未认真备考复习，到大三时已经有五门成绩挂科待重修，能否通过后期努力顺利毕业拿到学位证书成了小王同学的头等大事。

二、辅导员的处理

辅导员了解到小王同学的情况后，多次与他展开深入谈话，详细了解了他的学习情况。首先，辅导员帮助小王梳理了本学期需要学习的课程，分析了课程的重难点，其中专业课居多，难度较大，为拿到学分增加了难度。其次，帮他梳理了大一、大二时挂科导致现在需要重修的课程，尤其是英语，由于基础较差且考试对单词积累依赖较大，成为他重修的重难点。

在学习态度方面，小王同学表示因为成绩长期垫底，缺乏学习计划和目标，上课时候总是走神，课后也没有巩固知识点的习惯。在辅导员的引导和帮助下，小王同学找到了自己在学习中的问题和不足。通过沟通和梳理学业重难点，辅导员逐步帮助小王同学树立起对学习的信心和兴趣，并要求他制订学习计划，看看需要在哪一科需要付出更多的时间和精力。同时找来班级内成绩突出的同学进行帮扶，从三方面下手，确保他的学习状况和学习进度。

在有了规划以后，辅导员每周都会找到小王同学了解学习情况，定期与他沟通，在三方共同努力下，小王同学逐渐养成了良好的学习习惯，有了明确的学习目标，也开始主动与辅导员和同学交流学习问题。

临近期末，为小王同学能够顺利通过考试，辅导员督促他要更早进入复习阶段，并常常给予他鼓励、肯定，请优秀的同学传授复习方法，认真备考。在近一个学期的努力下，小王同学顺利通过了本学期所有考试，并通过两个学期的持续努力，补齐了之前没有拿到的学分。由此，小王同学基本可以顺利毕业，这使他重新找回了自信心，生活状态有了明显转变，同学们也反映小王同学变得更加积极乐观了。

三、学生工作方法总结

1. **制订学习计划是成绩提升的基础**。学习目标和学习计划有助于培养自律和坚持的能力。在面对困难和挑战时，明确目标可以保持前进，不轻易放弃。学习目标和学习计划不仅能为学习提供明确的方向和动力，还有助于时间管理和自律能力的培养，从而为取得优秀的学习成绩奠定坚实的基础。

2. **培养学习兴趣是坚持学习的重心**。教育和学习对兴趣问题最为关注，因为学生求知兴趣的有无和大小直接关系到教学的成效，也关系到学生的身心健康。关于兴趣在教育和学习中的价值，不仅古今中外教育家津津乐道，而且为教育学、心理学研究所证实。从教育学角度讲，兴趣是直接影响知识掌握和学业成绩的要素，是发展智力和提高能力的推动力，也是努力学习、深度学习、创新学习乃至终身学习的基础。

案例十 理论学习与艺术实践的平衡

一、学生遇到的问题

小张同学是一位主修二胡演奏的音乐专业学生，目前大二。在班里学业成绩较差，但主修专业比较优异。因其优秀的专业水平，小张同学平时除了参加大乐队排练之外，还需要参与老师组的小型室内乐。

乐团是一个充分考验合作的团体，声部之间的配合至关重要，每一位队员都起着重要作用。所以，每次乐团的排练除了身体原因不能参加等特殊情况外，指导教师要求每一位乐团成员均需参加。尽管在期末考试期间，乐团排练频率减少至一周三次，但是老师时不时会临时通知小型室内乐排练。对于学业繁重的大二学生小张来说，多次排练给他的期末复习带来了影响，由此产生了逃避排练的想法。他对老师的通知及催促选择视而不见，严重耽误了排练进度。因此小张多次受到指导老师的批评，到底应该怎样合理安排时间，才能实现理论学习与艺术实践的平衡？

二、辅导员的处理

面对这种情况，辅导员找到小张同学，了解情况后，给他提出了几条如何在排练和学业中取得平衡的方法。

1. 合理安排复习时间。在期末阶段，很多课程都已停课，辅导员建议小张同学养成良好的作息习惯，早睡早起，充分利用时间高效率复习；合理利用白天时间，结束排练后，晚上在宿舍也有充分的时间可以复习。小张同学告知辅导员宿舍里比较吵闹，无法进行学习和休息。针对这一问题，辅导员建议他去自习室复习，并且与同舍友的同学进行沟通，制定宿舍公约，约束同学们一起认真备考。

2. **调整心态，享受排练**。辅导员告诉小张同学，他可以试着享受排练，一旦心态放轻松，就不会再为排练困扰。此外，每一次的表演机会不仅能进一步提升自己的专业能力，还可以积累丰富的演出经验，对未来的专业生涯大有益处。此次沟通结束后，小张同学能够准时且乐意参加排练，在排练之余合理安排好时间，在忙碌中体会充实的快乐。

三、学生工作方法总结

1. **要加强学生的思想教育和价值观引领，引导学生树立正确的世界观、人生观和价值观，树立大局意识**。小张同学之所以会选择逃避排练，就是缺乏大局意识，辅导员要正确耐心地引导学生，让学生增强团队意识。

2. **要引导学生认识到合理规划时间的重要性，并鼓励他们做出改变，制定科学的作息时间表，早睡早起，限制每次玩网络游戏的时间**。由于排练时间基本固定，可以提前安排好乐团排练的时间，并合理利用空余时间到自习室复习。这样做不仅可以增强自制力，养成良好的学习习惯，还能树立清晰的学习目标。

3. **辅导员要多给予学生鼓励与关怀，对学生进行帮扶监督**。督促学生合理安排业余时间，引导学生做好学习计划，劳逸结合，必要时给予心理辅导。

综上所述，学生在大学中有着无限的可能。作为辅导员要用发展的眼光看待每一位学生，在恰当的时机给予学生必要的指导，因材施教，循循善诱，帮助学生不断进步。

案例十一 留学生如何顺利完成课程学业

一、学生遇到的问题

小马是一名留学生，来自印度尼西亚，本科生，专业方向为钢琴表演。在同学们看来，小马是一位十分勤奋的学生，每次下课，他总会第一时间冲向琴房或自习室。但是大三学年期末考试结束后，该学院辅导员老师发现，小马同学此次考试多门功课挂科，其中三门课程均属于重修课程。

这意味着即将毕业的小马同学只剩一次重修机会，若无法顺利完成重修课程考试，小马即将面临延期毕业。此外，文化差异让小马在与同学和老师交流时感到不自在，所以他极少主动与老师、同学交流沟通，日常学习的问题无法及时解决，导致了学习效率低、学习效果不理想。如何帮助海外留学生顺利完成课程学习、按期毕业?

二、辅导员的处理

海外留学生通常面临着多方面挑战，会遇到语言障碍、学习压力、生活习惯、人际关系、就业和职业发展等诸多问题，面对此类情况，辅导员作为学生学习道路上的引路人，要及时分析学生学业困难状况并选择合适有效的策略帮助留学生。

1. **建立沟通桥梁，拉近心灵距离**。与学生建立开放、真诚的沟通渠道，了解他们遇到的具体困难以及背后的原因，可能是学习方法、时间管理、心理压力等多方面因素。

2. **提供个性化建议，具体问题具体分析**。针对每个学生的具体情况，提供个性化的学习建议。针对海外留学生还存在一定的语言沟通困难问题，有针对性地调整学习方法、优化时间管理、设置具体的学习目标等。

3. **提供学习资源，结成帮扶对象**。为学生提供必要的学习资源，如图书馆资料、在线学习平台、学习小组等，帮助他们寻找和整合有效的学习工具，提高学习效率。此外，党支部可以发挥党员的先锋模范作用，由帮扶党员实时跟进学生学习动态，及时了解学生学业困难等问题，给予帮助，辅助学习。

4. **鼓励学生寻求外部帮助**。鼓励学生寻求外部帮助，如向教师、同学寻求指导。另外，可以推荐他们参加学术辅导或咨询服务，以获取更专业的支持。

5. **关注学生心理健康**。学业困难可能会对学生的心理健康产生影响。因此，要密切关注学生的心理状态，并提供必要的心理疏导，提供情感支持，帮助建立自信。

6. **建立激励机制**。通过设立奖励机制、组织学习竞赛等方式，激发学生的学习积极性和自信心。同时，给予他们正面的反馈和鼓励，让他们感受到自己的进步和成就。

7. **与专业课教师和班主任合作，持续跟进与调整**。与专业课老师和班主任保持密切联系，共同关注学生的学习情况。共同制订解决方案，以帮助学生更好地完成学业。定期评估学生的学习进度和效果，及时调整辅导策略，确保学生能够在学业上取得持续进步。

三、学生工作方法总结

作为辅导员，要全面了解学生的学业困难，并提供多方面的支持和帮助。通过个性化的指导、心理关怀和激励机制等手段，帮助学生克服学业困难，实现全面发展。

1. **找准学业困难原因**。学业困难的原因很多，在大学阶段，学业困难的原因更加复杂多样。除了学习态度、方法、时间管理等因素外，课程的专业性、学术研究的深入性、学习资源的丰富性等都为学生带来了新的挑战。同时，个人兴趣与所选专业的匹配度、未来职业规划的清晰度等也影响了学生的学习动力和效果。

2. **大学生更注重自我发展和自我管理**。辅导员应尽可能为学生提供培训和资源，帮助学生提高自主学习能力、时间管理能力、团队协作能力等，使其更好地应对学业挑战。

3. **增强跨学科与跨文化的交流**。面对留学生群体，跨学科与跨文化的交流也十分必要。这不仅有助于拓宽学生视野，也有助于培养他们的创新思维，从而更好地规划未来学习和职业道路。大学应该定期评估其学业支持体系的效果，根据学生的反馈和需求进行调整和改进。同时，教师也应该不断学习和更新自己的教育理念和方法，以适应不断变化的教育环境和学生需求。

案例十二 项目申报开启学术之路

一、学生遇到的问题

小龙同学是一名大三的学生，对大学生创新创业项目充满了兴趣，但同时感到对申报流程有些困惑。他渴望参与其中，以锻炼和提升自己的能力，但不知从何处入手。因此，他主动找到了辅导员老师，坦诚地表达了自己的想法。

小龙告诉辅导员老师，很多同学都愿意申报创新创业项目，因为这不仅能锻炼自己的能力、拓宽视野、增长见识，还能在找工作或考研面试时提供加分，为自己的未来增添更多竞争力。尤其是，如果项目成功结题，还能获得省级证书和项目经费，一举多得。但是如何才算创新？怎样申报项目？申报书又该如何写？写什么内容才更有可能立项……面对这些问题，小龙同学感到很茫然。

二、辅导员的处理

辅导员了解到学生有申报项目的想法后，对他的学习态度表示了肯定与鼓励，并第一时间表示支持小龙同学完成此次申报。

在了解到学生对于申报大创项目存在困惑时，辅导员从几个方面具体分析了存在的问题。

1. 申报书主题不够鲜明集中，想法较为发散，不聚焦。

2. 申报书结构不清晰，对于长远发展问题不清晰。

3. 学生缺乏创新创业的经验，可能难以应对市场变化、竞争对手等挑战。

4. 因缺乏市场推广经验和渠道，难以将产品或服务推向市场。

在分析了具体问题之后，辅导员老师针对大创项目申报的要点，进行了一系列会议讲解，从学生的实际情况出发，结合学生专业特点，为学生推荐合适的专业指导教师，让学生能够在专业教师的指导下逐步厘清思路，找准方向。最后该生在辅导员和指导教师的帮助下，完成了人生第一份项目申报书，并且通过出彩的答辩，成功获立省级课题。

三、学生工作方法总结

科研是立德树人的一个重要载体，是“三全育人”过程中不可忽视的重要环节。科研育人的主体是教师，教师在科研过程中关注学生的成长是科研育人的核心。针对大学生创新创业项目的申报，作为辅导员，应从多个维度发力，全面引导学生的成长与发展。

1. **强化创新平台与团队建设**。鼓励学生及专业教师开展主题新颖、形式灵活、注重实效的学术研讨交流，并且可以利用自身资源开展名师科普宣讲以及创新创业项目的科普活动，让更多的学生有更加详细的了解，从实际出发，用具体的措施为学生提供帮助。

2. **不断拓宽工作范围**。高校辅导员要不断拓宽工作范围，主动嵌入科研育人导学场域，成为师生科研结对的衔接员。要居中做好科研育人的思想动员、宣传教育和价值引领，通过新生见面会、专业第一课、参观实验室等多种途径，激发学生科研兴趣，引导学生树立科技创新、科研报国的崇高理想。

案例十三 诚信考试 远离作弊

一、学生遇到的问题

小赵同学是一位性格内向的大学生，学习态度懒散，虽然想追求优异的成绩但缺乏学习的动力。转眼间小赵已经步入了大四学年，在过往的三年里他曾参加过大学英语四级考试，却因复习准备不到位以失败告终。临近毕业，他决定最后一次参加英语四级考试。然而，他对这次考试也没有做充分的准备。考试当天，他坐在考场上，面对着试卷上的题目，小赵明白自己这次还是无法通过考试，在毕业和就业的压力下，他选择了作弊。

作弊并没有给小赵带来想象中的轻松和喜悦，相反，他感到了一种难以言喻的愧疚和不安。小赵的作弊行为被监考老师发现，面对老师的质问，他悔恨万分，承认了自己的错误。

二、辅导员的处理

学风建设是大学建设中的一项重要任务，因为它关系到学生的综合素质的提高和未来的发展前景。面对类似小赵同学的情况，辅导员应深入学生群体，了解他们的学习状态和需求，为他们提供一些具体的帮助和指导。

首先，辅导员建议学生积极参与学习经验交流会，并邀请一些学习成绩优秀的学生分享他们的学习方法和心得。这些分享让其他同学受益匪浅，纷纷表示要向榜样们学习，努力提高自己的学习效率和成绩。

同时，辅导员还鼓励学生参加各种学术竞赛和实践活动，以拓展他们的知识视野、提高他们的实践能力，为将来的学习和工作打下坚实的基础。经过一段时间的努力，学风建设取得了显著成效。学生们的学习热情得到了激发，学习成绩也有了明显的提高。

除此之外，为树立优良学风，每学期举办考风考纪教育动员大会，教育学生远离违纪作弊行为，树立诚信考试意识，维护良好的学习风气和考场秩序。由学生代表进行庄严宣誓，承诺遵守考试纪律，诚信应考。引导学生深刻认识到诚信考试的重要性，呼吁全体同学积极参与学风建设，自觉遵守考试纪律，共同营造良好的考试氛围。

三、学生工作方法总结

加强学风建设是大学教育的重要任务之一，优秀的学风能够激发学生的学习热情，促进他们的全面发展，为未来的职业生涯奠定坚实的基础。

1. **注重培养学生的自主学习能力和创新精神**。学校应该提供丰富多样的学习资源，包括图书馆、实验室、在线课程等，以满足学生不同的学习需求。同时，学校还应该鼓励学生参加各种学术活动，如科研项目、学术竞赛、讲座等，提高他们的学术素养和研究能力。

2. **建立健全学风管理机制**。学校应该加强对学生的日常管理和引导，帮助他们树立正确的学习态度和价值观念。同时，学校还应该建立健全奖励机制，鼓励那些表现优秀、成绩突出的学生，激发学生的学习积极性。

3. **为学生制定个性化需求目标和对策**。积极推进学风建设，以实现学生全面发展和提升教育质量为目标。从实际出发，针对不同学生的个性化需求制定目标和对策，以创新和务实的精神推出一系列具有实效性的措施，如“一生一策”学业帮扶制度，对学业困难、心理困难等学生进行精准帮扶。

学风建设是大学建设中的一项长期而艰巨的任务。只有通过不断的努力和探索，才能营造出一个积极向上、充满活力的学术氛围，培养出更多优秀的人才，为社会的进步和发展做出贡献。

案例十四 “三困生”的成长之路

一、学生遇到的问题

小高同学是一名大二的学生，来自贵州省偏远山区。小高家庭贫困，仅靠父母务农以支撑小高学习的相关费用。由于文化课的底子薄弱，小高大学第一学年的成绩并不理想，这让小高非常失落。想到自己家庭贫困、成绩落后，未来似乎看不到希望，小高将自己封闭了起来，对大学生活没有了兴趣。如何激发“三困”学生学习动力、生活希望，成为重要问题。

二、辅导员的处理

高校“三困生”，即家庭经济困难、学习困难、心理有困扰的学生，是在高等教育普及背景下、随着深刻的社会转型而形成的特殊群体。关注“三困生”群体的成长与发展，是高校建设高质量人才培养体系的重要任务。辅导员在大一下学期摸排中发现小高的情况，开始点对点帮扶。

为了让小高融入大学生活，辅导员首先约小高到团委办公室进行了深入谈心，谈话的重点有两个：一个是了解小高的学习经历和心路历程，另外是向小高讲解坚持和奋斗对于人生的重要性。在谈话后期辅导员表示要帮助小高融入校园生活，帮助其提高学习成绩，这让小高看到了希望。

其次，辅导员介绍小高进入了由家庭经济困难学生组建的学习类的学校社团，社团成员均是来自不同学院、不同地域的家庭经济困难学生。社团由专门教师进行团队指导，定期组织团队成员开展一系列如辩论赛、朗诵、运动比赛等活动，旨在让社团成员通过参加活动提升综合素质，更好地融入校园集体。通过参与社团活动，小高又燃起了学习的希望。

最后，辅导员联系了小高的班主任，关注小高日常学习、重修补考情况，帮助小高梳理学科框架、结构以及考试重点，鼓励小高积极备考。同时与小高家长保持沟通，达到家校共同育人的效果。

通过以上措施，小高的成绩开始有了起色，在大二上半学期成绩冲到了班级的前八名。同时丰富的社会活动也让小高的性格由内向变得开朗。在大二的这一学年里，小高递交了入党申请，光荣地成为一名入党积极分子。他的奋斗和积极进取的状态也打动了班级同学，在大三成为所在班级的班长。

三、学生工作方法总结

1. **做好学生信息普查**。作为辅导员，在新生入学时就要做好家庭困难学生的信息普查，以公平公正公开的原则做好资助工作，并且要加强与学生之间的沟通，动态调整学生困难等级的变动情况，在这个过程中保护好学生的个人隐私。

2. **注重显性教育与隐形教育相结合，形成"解困—育人—成才—回馈"的良性循环**。不仅要关注学生的经济状况，而且要关注学生的学习以及生活状况，多方面、多维度地对学生进行持续性关心教育，并多以鼓励性教育为主，对于进步显著的学生，要给予平台发展机会。

3. **拓展新型资助形式，完善校园勤工助学岗位管理机制**。为学生提供勤工助学岗位，培育学生艰苦奋斗、自立自强的精神品质。让学生在校园生活中减轻一些经济负担。

案例十五 初战“大创” 定向指导

一、学生遇到的问题

小吕同学从大一入学就对“挑战杯”大学生创业竞赛的申报十分感兴趣，他认为参与“大创”项目能够锻炼自己的创新能力、团队协作能力，并且能够为自己未来的考研和工作应聘加分。但是由于没有申报经验，小吕同学对项目的确立和具体申报思路不太清晰。于是她找到辅导员老师提出了自己的困惑：应该如何选题？在有限的时间内选择哪一个赛道更有可实施性？应该寻找怎样的队友协助自己共同完成项目的申报？

二、辅导员的处理

面对小吕同学提出的这些问题，辅导员引导小吕同学关注更多的社会热点，结合自己的专业，明确自己可以通过怎样的方式缓解社会问题。辅导员结合小吕同学想要申报的课题，给她推荐了适合的指导教师并帮助她进一步理解项目申报要求，确定申报流程中重要的时间节点，合理规划项目计划书等材料的撰写进度。

在小吕同学提出自己对项目的大致构想并拟写了项目计划书之后，指导教师对小吕同学的想法和项目计划书框架表示肯定，并结合该项目的评分要求发现了项目计划书中的一些问题：

1. 项目计划书中的语言逻辑不够清晰，部分词汇和定义不够严谨，项目的创新点不够集中。

2. 项目缺少实际调研的基本数据，对市场和消费群体的计算仅依靠论文和网络中的大数据，缺少对实际消费市场和服务群体真实感受的反馈。

3. 关于项目成本估算和营收预测的相关知识缺乏。在成本估算中对项目的支出费用缺乏实际考察，对项目的营收预测过于理想化，缺少对一些特殊情况的估计。

4. 对项目具体实施之后的工作场地和工作人员安排得不够明确，没有将项目落地，不具有可实施性。项目计划书大多是浮于表面的概念描述，缺少具体实施的细节和项目实施流程的规划。

5. 对项目的市场分析和发展前景的阐述较少，没有与同类型的产业相比对，没有突出本项目的优势，缺少对未来项目的发展前景阐述。

分析之后，指导教师与小吕同学进一步沟通，了解小吕同学阅读相关论文文献的情况、对自己所学专业的认知程度、与项目相关内容的实践经历等。经过沟通，指导教师发现小吕同学对所学专业的认知不足，从专业知识的角度上寻找创新点比较困难。

专业教师建议小吕同学从实际生活出发，了解到小吕的家人曾进入老年大学学习，专业教师针对小吕同学家人的学习经历，大致分析了当前老年大学的教育现状，发现了存在的三个问题：一是随着人口老龄化的加剧，目前老年大学的学习名额非常紧张，有很多老年人抢不到心仪的课程。二是老年大学的课程趣味性不高，过度强调专业知识的教学，忽略了培养老年人对音乐的兴趣，课堂氛围比较压抑。三是老年大学提供的表演机会有限，学员们的学习成果得不到展示，不能满足学员们学习的成就感。针对以上问题，该专业教师与小吕同学讨论建议增加教学互动、成果展示等环节，提供更多的课程学习机会，并且与艺术培训机构合作，让更多的老年人体验到学习的成就感。明确该创新点后，辅导员与专业教师结合学校发布的比赛评分要求，进一步修改了项目计划书大纲。由小吕同学组织队员前往老年大学实地调查，共同完成了项目计划书的撰写，成功提交了项目申报，小吕同学通过自身的努力最终荣获校级金奖。

三、学生工作方法总结

党的二十大报告强调，教育、科技、人才是全面建设社会主义现代化国家的基础性、战略性支撑。大学生是科技创新的主力军，也是全面建设社会主义现代化国家的重要力量。“挑战杯”作为一项长期以来广受大学生欢迎的科技创新比赛，主要是挑战学生理论知识的积累，挑战实践创新能力，更是对他们迎难而上、坚持不懈精神的磨砺。

1. **发现问题，解决问题**。由于小吕是第一次参加项目申报，必定会经历对流程不熟悉等困难，此时辅导员要根据学生的实际情况，给学生与专业教师牵线，指导学生申报项目，给予该生鼓励支持和分析指导，一步一步带领申报学生探索其中奥秘，最终通过各方努力荣获金奖。

2. **积极鼓励，细心发掘**。鼓励和引导学生积极参与创新创业活动，不仅是学生专业课老师的工作，同样也是辅导员应该做的事情。通过组织优秀项目申报者进行经验分享会、组织拟申报者观摩优秀项目答辩，指导学生勇敢迈出第一步，从项目的申报走向学术之路。

第三章 日常事务管理篇

大学生日常事务管理可谓包罗万象，涵盖了学习、生活、文体活动等方方面面。从学风建设到日常考勤，从宿舍环境的整理到卫生检查，从勤工助学岗、综合素质测评到国家奖助学金评选，等等。本章就如何解决学生宿舍矛盾、开展消防安全教育、远离网络暴力、给学生更多人文关怀等方面展开叙述。

案例十六 缺乏有效沟通引起宿舍矛盾

一、学生遇到的问题

某学生宿舍内，小陈同学与舍友们的相处并不融洽。她常常因个人习惯与舍友产生矛盾。比如，深夜时分，当舍友们准备休息时，她仍亮着灯玩手机，不顾及他人的感受。尽管舍友们曾私下与小陈同学沟通，试图解决这些问题，但效果甚微，她依旧我行我素。最终，三位舍友无法再忍受这种状况，决定将真实情况上报给辅导员，希望辅导员能够出面调解。和谐的宿舍环境对学生的学习与生活至关重要，该如何处理学生宿舍矛盾呢？

二、辅导员的处理

辅导员第一时间与小陈同学及其舍友进行了深入交谈。通过细致了解，辅导员确认了舍友们反映的问题确实存在。小陈同学在日常行为中往往不顾及他人的感受，我行我素，性格较为孤僻，对他人的看法和意见漠不关心。当辅导员向小陈询问原因并询问是否需要帮助时，小陈同学情绪激动，大哭不止。辅导员马上安抚小陈的情绪，将话题转移到她的家庭方面。据小陈同学所述，她的家庭并不和谐，妈妈生了二胎之后对她的关心和爱大大减少，几乎不关心她的日常生活，任何事情都以她妹妹为中心，导致小陈同学在妹妹出生后心态发生了很大的变化，和父母的关系较为紧张。了解了这些情况后，辅导员耐心地开导小陈同学，鼓励她让自己的生活变得更加充实丰富，不要焦虑，不要内耗，要敞开心扉多交朋友，与他人分享自己的喜怒哀乐，不要因为家庭的缘故而封闭自我。并且告诉小陈同学要放宽心态，生活中还有许多值得去发现和珍惜的美好时光。

谈话后，辅导员及时与小陈同学家长取得联系，向家长说明孩子的成长需要家长的关注和关爱。经过辅导员与小陈同学的沟通和开解，小陈同学开始学着慢慢接受集体生活，也与另几位舍友和解，舍友也表示会多多包容，珍惜大学一个宿舍的缘分，努力在学习上相互促进，生活里相互帮助，宿舍气氛和谐。

案例中既有不良行为习惯、缺乏有效沟通引起的宿舍矛盾，还有受家庭环境等因素影响的学生个人成长问题。问题的关键点主要集中在两点。

1. 面对复杂的宿舍关系，如何适应集体生活？如何调解矛盾、修复关系？

2. 在原生家庭复杂因素影响下，如何帮助学生正确认识自我？

辅导员在处理这一矛盾时起到了关键作用，通过深度谈话和情感关怀，了解小陈同学的家庭背景和成长经历，帮助她释放情绪，逐步走出心理阴影。同时，辅导员也促进了小陈同学与舍友之间的沟通和理解，舍友们开始理解和关心小陈同学，双方关系得到修复，宿舍气氛更加和谐。这些措施帮助小陈同学更好地融入集体，正确认识自我，更好地完成学业，有充足的能量追梦，实现个人价值。

三、学生工作方法总结

本案例展示了在处理学生宿舍矛盾时，深入了解学生家庭背景、关注其心理需求以及进行有效沟通的重要性。

1. **搭建有效沟通桥梁，消除沟通障碍。**案例中小陈同学的行为模式与性格特点是导致其与舍友矛盾的主要原因。小陈同学情绪不稳定，不愿意融入集体，孤僻性格使她与舍友的沟通更加艰难，而生活上的不良习惯没有及时改善，依旧我行我素显示出小陈同学对他人需求和感受的缺乏，正是这样的状态影响了她以及舍友的学习和生活。虽然有沟通，但是双方并没有就彼此的需求和感受进行深入交流，这种沟通障碍导致矛盾不断积累，最终引发冲突。

2. **联系家长进行情感关怀，发挥家校育人合力**。从案例中可以看出，小陈同学的家庭环境，尤其是二胎出生后家庭关系的变化，对其性格的形成产生了深远影响。近年来，学生心理问题在大中小学各阶段都普遍存在，而部分心理问题的出现的确是因为原生家庭的环境影响。有些父母不断施加压力、只注重孩子成绩，有些父母忙于工作，忽视孩子情感需求，这些都会导致孩子出现心理问题。案例中，小陈同学在家庭中父母关爱减少，导致其成长过程中缺乏爱与关心，这种情感的缺失使她在人际交往中表现出冷漠和疏离，也造成了她孤僻、不合群的性格，使其难以融入集体生活。辅导员通过情感关怀和心理疏导，帮助学生走出心理阴影，促进舍友关系的修复和宿舍和谐氛围的形成。

案例十七 开展消防安全教育 助力平安校园建设

一、学生遇到的问题

高校为创建"平安校园"，进一步提高师生自护、自救抵御灾害事故的能力，经常举办"安全无小事"等班会教育活动，但在高校消防突击检查中，发现学生仍然有使用吹风机、电夹板等大功率电器，烟头乱扔等现象，这些行为都可能引发重大安全事故。经过辅导员的深入调查，发现学生们普遍抱有一种侥幸心理，认为火灾不太可能发生在自己身边，因此对消防安全缺乏足够的重视。常规的课堂教学以及群内提醒已经难以引起学生的警觉，该如何提高学生的消防安全意识？

二、辅导员的处理

为深入开展高校消防安全教育，提高学生安全意识和应对突发火灾事件的避险自救能力，增强师生防灾减灾意识和防范能力，某学院联合保卫科，特邀市消防支队，共同举办了一场别开生面的消防宣传教育活动。

在活动中，消防特勤人员深入学生公寓楼，对楼道内的消防设施进行了专业指导与排查，确保消防设备能够正常运行，有效应对可能发生的火灾险情。同时，消防特勤人员还深入宿舍内部，详细检查了电器使用、电线布置，及时发现存在的安全隐患并联系高校有关部门上报。此外，消防特勤人员还现场教学，向学生们演示了灭火器的正确使用方法，并组织了模拟起火后的应急处置演练。通过演练，学生们掌握了灭火的基本技能和应急处置方法，提高了应对火灾类突发事件的能力。

针对校园内电动车数量众多的情况，学院还组织观看了电动车火灾事故视频，通过真实案例让学生们深刻认识到电瓶爆炸的严重后果，增强了他们使用电动车的安全意识。

为了让消防知识更加深入人心，学院还通过音乐表演《逃生操》，向学生们传授了紧急处理和逃生的要点。这种创新方式不仅提高了学生们的学习兴趣，还有助于他们在紧急情况下迅速采取正确的应对措施。

通过这次活动，学生们对消防安全有了更深入的了解，认识到宿舍作为人员密集区消防安全的重要性，并纷纷表示将严格遵守消防安全规定，增强消防安全意识，共同为构建平安校园贡献力量。

在高校，辅导员也需要经常深入宿舍区进行常规与突击检查，特别针对宿舍的安全、违章电器的使用等，做到早发现早干预，不断强调宿舍消防安全的重要性，要求同学们严格遵守规章制度，共同维护宿舍的安全环境。

三、学生工作方法总结

1. **消防安全治理应做到“安全第一，预防为主”**。在日常工作中不能忽视消防隐患，火灾带来的危害会造成巨大的损失，所以要做好预防工作。预防工作的要害在于提高对此项工作的重视程度。在校园中，应该以增强意识为目的，不能光做口头文章，应以实际行动和措施做好消防安全工作。

2. **加强消防安全知识培训，做好火灾发生的应对准备**。辅导员要普及灭火器使用常识，学校要组织学生学习各种灭火器的使用方法，特别要以多种方式指导学生掌握如何打开消防保险栓等实际操作知识。并且要加强火灾逃生常识，让学生了解发生火灾时的逃生常识，并能采取正确的躲避、逃生、自救与呼救方法。

3. **辅导员要联合校保卫部门定期组织火灾逃生演练**。平时有计划地进行逃生演练，可有效地提高学生在发生或遇到火灾时逃生的基本求生技能。演练时，一要让学生熟悉逃生的路线，二要让学生了解逃生时避免吸入有毒烟气而窒息的方法。组织逃生演练时，可请当地消防队给予指导，并结合实例介绍多种躲避、逃生、自救、呼救的方法，提高学生应对火灾的能力。

案例十八 提高警惕 谨防电信诈骗

一、学生遇到的问题

“老师，小林在偷外卖，麻烦您前来处理。”接到这通电话后，辅导员心中十分奇怪。印象中，小林同学平时的行为举止大方得体，实在不像是一个会做出偷外卖行为的学生。辅导员赶到现场后，现场的同学向辅导员描述了情况。原来，最近几日这些同学的外卖频繁被偷，为了找出真相，他们决定在外卖送达时进行蹲守，没想到竟然发现了小林在偷拿外卖。

这让辅导员感到非常困惑，小林平日里表现良好，怎么会做出偷外卖这一举动呢？

二、辅导员的处理

辅导员来到现场初步了解情况之后，让小林将外卖放到原位，并向现场同学解释会进一步调查情况，然后疏散了围观同学。随着进一步了解小林家庭情况，辅导员发现小林同学虽然家庭相对困难，但日常的生活费家长均提前给了学生，应该不是因为家庭困难偷拿外卖。经过后续的深入沟通，小林同学吐露心声，偷外卖是因为自己最近遭遇了网络诈骗。

事件发生前，小林听信了网络上“刷单”返佣金的兼职，本想着为自己多赚生活费，能减轻一下家庭的负担，没想到一步步踏进“诈骗”骗局。起因是小林在浏览微信公众号时看到了一则招聘信息，对方称某商家联盟招聘兼职人员，工资 50 ～ 100 元日结，详情扫码咨询。对此感兴趣的小林便扫码添加了对方，后在其给的链接里下载了某联盟 APP，对方接待员告诉小林他们是做商家公众号关注充值返利任务的，只需要向他们提供的银行卡转款并按照流程操作，完成后截图即可挣取本金和佣金，转款越多返利越大。动心的小林便按照提示，接连向对方银行账户转款数笔共计 1255 元，但迟迟收不到本金和返利。此时再联系对方发现已被删除好友，意识到被骗的小林不敢报警和告诉老师家长，在生活费短缺的情况下，饿了好几顿的小林想到了偷拿外卖。

辅导员在了解事情经过之后，首先建议小林报警，虽然网络犯罪追踪难度较大，但是要相信警方的力量，不能让犯罪分子继续诈骗其他学生，同时尽可能地减少损失。随后，辅导员对小林进行了心理疏导，耐心引导他认识到每个人都会犯错，而每一次犯错都是一次成长的机会。辅导员老师鼓励小林勇于承担错误，在阐述事实后向被偷外卖的学生进行道歉和赔偿。在此过程中，辅导员老师积极充当沟通桥梁，努力促成双方和解，给予小林一个改正错误、弥补过失的机会。

最后，辅导员及时将小林的情况以及遭遇向小林家长进行反馈，根据小林的实际情况介绍小林参加学校的勤工助学岗位，缓解小林的经济困难。在事情结束之后，辅导员组织各班级进行反诈知识宣讲，加强学生网络安全意识，练就一双“火眼金睛”，迅速识别骗局，保护好自身生命安全与财产安全。

三、学生工作方法总结

1. 多种途径提升学生防骗意识。一方面，学校要加大宣传力度，加强安全警戒，在校园布置防诈骗标语，在官方网站设计防骗专栏，通过校园网、公众号、广播等新媒体宣传阵地，揭示诈骗新手段，将网络诈骗案例融入班团活动中，以学生喜闻乐见的方式，润物细无声中树牢学生防骗意识。另一方面，辅导员经常性开展谈心谈话，了解学生被诈骗情况及近期有无疑似诈骗的消息电话等。定期开展防诈骗讲座，在各班级成立宣传员队伍，“以点带面”宣传新型诈骗案例、新的诈骗手段，组织诈骗模拟测试等，提高学生防诈骗能力。

2. **多种方式疏导学生心理健康**。在与被骗学生的沟通中，多站在学生本人的角度思考问题、分析问题，有助于学生打开心扉。在了解案例经过后，辅导员及时引导学生走出被骗阴影。通过集体教育和个人教育相结合的方式，形成班主任、家长和同学的“三方”合力，真正帮助学生解决实际困难，淡化被骗经历，减轻心理压力，以更积极向上的状态投入学习生活中。

案例十九 宿舍安全无小事

一、学生遇到的问题

小王同学是某大学的学生，在日常的学习工作中表现十分优秀，并且各科成绩名列前茅，连年获学业奖学金，还是老师们的小助手，更是同学们的好榜样。最近在日常的一次宿舍大检查中，宿舍管理人员在小王同学的桌上发现了一个较大功率的吹风机。管理人员将吹风机没收，并将此事通知了辅导员。辅导员依据《大学生管理手册》中宿舍管理方面的规章制度，对小王同学进行了通报批评，并取消了他该学年的评优评先资格。

小王同学对此感到十分不解与委屈，认为取消评优评先资格的处罚过于严苛，自己各项表现优异却因为一个小小的吹风机就失去获得荣誉的资格，管理规章制度是否存在不合理因素，存放小小的吹风机是否应该受到批评?

二、辅导员的处理

辅导员在通报批评的同时，与小王同学进行了深度谈话，并给小王观看一些宿舍因为吹风机而引发火灾的案例，让他直观了解吹风机带来的危害。小王在与辅导员谈话后，深刻认识到了自己的错误，并进行自我反思与检讨，还主动向同学科普在宿舍使用吹风机的安全隐患。吹风机事件过去后，在下一个学年，优秀的小王又获得了多项荣誉。

高校学生宿舍是在校大学生学习生活的重要场所，是落实立德树人根本任务、开展全员全过程全方位育人的重要阵地，也是对大学生进行思想政治教育的重要阵地。加强高校学生宿舍建设，事关学生享有公平而有质量的教育，事关高校办学能力提升，事关千万家庭教育获得感，因此高校学生的宿舍管理至关重要。

首先，在获悉小王同学在宿舍存放吹风机，被相关管理人员发现，辅导员第一时间就联系小王同学进行批评教育。小王就读的某大学，明确规定宿舍内严禁私拉乱接电源，严禁使用电炉和大功率电器，也不得存放吹风机，一经发现按违章电器处理。出于关心爱护学生，满足学生生活的需求，学校已在每层宿舍楼配备了公用吹风机。小王在宿舍存放吹风机的行为，已经触犯了学校相关规定，辅导员第一时间进行批评教育让小王意识到此事的错误，树立了正确的观念。

其次，辅导员在批评小王同学后，给他观看宿舍使用吹风机而发生火灾的案例，让小王深刻认识到宿舍使用吹风机的安全隐患，更好地理解学校给出的处理方案。仅仅告知学生事情的对错，无法使学生真正理解事情的本质，辅导员播放以往因学生在宿舍使用违章电器而引发的公寓火灾视频。让她直观地认识到使用违章电器的严重性以及可能带来的灾难性后果。

最后，小王同学在深刻理解、认识到自己的错误后，还主动帮助老师引导周围的同学关注宿舍安全，获得老师的好评，在下一学年重新获得荣誉。宿舍安全问题仅靠辅导员等管理人员的力量是远远不够的，也需要学生积极配合，并进行自我约束。小王同学因为此次吹风机事件，提升了宿舍安全意识，并主动帮助辅导员劝导周围其他同学，使同学们的安全意识都获得了提升。

三、学生工作方法总结

使用违章电器是学生宿舍发生火灾的首要原因。违章电器主要指大功率或无安全保障的电器，如热得快、吹风机等，在宿舍内使用大功率电器极易引起电线超负荷、电路短路而发生火灾事故。必须要防患于未然，针对此问题，学校在进行宿舍安全教育方面要做到以下几点。

1. **让学生学习宿舍安全相关规章制度**。关于宿舍安全管理问题，各高校都对本校的学生宿舍管理制定了相应的规章制度，辅导员可以在新生入学第一课向同学们详细介绍，树立学生的宿舍安全意识，指定红线谨防触碰。

2. **联系当地消防部门进行宿舍安全讲座**。仅仅依靠开学第一课来树立宿舍安全意识是远远不够的，还需要一些措施不断巩固和加强，真正让学生深刻认识到宿舍安全重要性。通过举办消防讲座，以及现场教学互动等，可以让学生直观地了解宿舍安全隐患可能造成的严重后果。学习灭火器的使用方法，不断提升消防意识与日常防范应急能力。

3. **组织日常宿舍检查，及时获悉学生宿舍情况**。宿舍检查是维持宿舍安全的强有力举措，辅导员可以通过宿舍检查及时了解宿舍情况，有则改之无则加勉。宿舍检查是外部手段，安全更需要依靠学生的内部力量。内外结合，才能更好地维护宿舍安全，构建平安校园。

案例二十 如何远离网络暴力

一、学生遇到的问题

小周是一名大四的学生，品学兼优，在班级担任班干部，争取保送研究生失败后，决定通过研究生入学考试考取研究生。由于备考时间比较紧张，小周的学习压力非常大，偶尔会出现失眠烦躁等情况。并且由于小周的宿舍为混合宿舍，有两个大三的学生以及一个大二的学生，其中舍友小钱从小父母离异，与外婆一起生活，性格较内向，同时因家庭经济情况内心自卑，心理也比较敏感。晚上小周从图书馆学习回来，小钱在床上准备休息，由于小周动静大了一些，小钱与小周发生了争吵。争吵越来越激烈，还涉及宿舍其他学生，最后形成小周与其他两个舍友一起与小钱争吵的局面。感到委屈的小钱叫来了自己的男友，男友情绪激动地对小周进行了言语辱骂。更让小周难以接受的是，在十月放假期间，她被陌生人加好友拉进群聊，群里四个陌生人对她进行了恶意的人身攻击。小周在假期结束后立刻找到辅导员反映问题，请求辅导员帮自己调换宿舍并要求网络施暴者道歉，辅导员该如何解决宿舍里的网络攻击？

二、辅导员的处理

面对大四考研学生受到网络人身攻击，处理要迅速，尽快平息事态，做好学生的安抚工作。辅导员知晓事情后立即联系了小周到团委办公室详细询问事情经过，并安慰学生情绪，告诉学生目前的重心要放在考研上，遭受网络攻击的事情老师会尽全力帮助她解决。辅导员了解事件经过后，找到除小钱外的其余两个舍友及班主任了解他们在日常学习生活中的表现。辅导员掌握大致情况后，与院内心理辅导员一起约谈小钱同学，其间发现小钱虽然眼神闪躲，支支吾吾，但表示对网暴的事情毫不知情，并非小周同学认为的由小钱主导网暴行为，此事超出了辅导员的职权范围。

次日辅导员告知小周可以选择报警来维护自己的合法权益，询问小周的意见。在小周决定报警后，辅导员协助小周去学校附近派出所进行报案。但是由于本案属于自诉案件民警不受理，而且小周目前需要考研没有精力和时间到法院进行上诉，于是辅导员带着学生先回到了学校，并再次约小周宿舍四个人到团委进行沟通协商，四个人表示都不愿意离开宿舍，于是在辅导员的协调下，四位同学决定和解，相互理解，相互包容，互相进行了道歉，就网暴的事情小周表示不再追究，专心备考。

针对小周同学的心理状态，辅导员帮助小周同学联系了学校心理健康中心的老师进行疏导，尽力缓解小周同学的心理压力。经过心理疏导，小周反馈称自己的状态明显好转，已经重新投入紧张的备考中。

三、学生工作方法总结

在媒体化社会背景下，原本普通的大学生日常生活摩擦会因为媒体平台的传播而产生巨大的效应。因此需要加强对大学生的网络素质教育，更需要提升辅导员对舆情的处理能力，提升危机处理技能，辅导员要了解网络暴力的特点、成因以及治理措施。

1. **建设好线上和线下两支队伍**。辅导员要在平时建好线上、线下两支队伍，在关键战时能够发挥有效作用。可以分为学生党员队伍与网络人员队伍，学生党员队伍在突发情况到来时能够配合做好学生引导工作，网络人员则可以在关键时刻引领舆论。

2. **把握好“管理”与“治理”两种手段**。辅导员要善于用好管理手段，如惩戒等教育手段，对于典型问题、典型个人进行教育管理以及后续帮扶，做好示范引领。但是针对互联网空间，除了管理手段之外，还要注重对事情的处理方式，网络公共空间本身就是大学生释放压力、发泄情绪的一个场合，简单的“管”与“堵”很难取得实效，关键是要建立起第一时间反馈机制，要能够针对问题及时反馈，把问题解决在萌芽阶段，避免升级为更大问题。

3. **做好学生心理疏导工作**。在面对遭受网络暴力的学生时，要积极关注，深入理解学生，充分关注学生的情绪、状态，进行良好的疏导，避免学生情绪激动，并寻找核心问题，从而提升解决问题的时效性，让学生尽快走出不良情绪。遇到辅导员无法解决的问题时，应积极协助学生维护自己的合法权益。

案例二十一 宿舍不良习惯带来的冲突

一、学生遇到的问题

小李同学是某学院大一学生。入学一学期以来，他在寝室经常熬夜打游戏，与游戏中的朋友大声喊叫，有时还未经他人允许使用他人物品。其他三位舍友对小李的这些行为均有意见，但是碍于舍友情面，在相处过程中，室友采取了忍让、包容的相处方式。但是在相处了一学期之后，小李仍然是我行我素，甚至出现了在宿舍内抽烟的行为，严重违反宿舍管理规定。某次小李再次打游戏到凌晨，并且与游戏中的网友大声对话，导致其舍友与其发生了语言上的冲突，最终演变成为肢体冲突。小李和另外一名舍友均受伤。

二、辅导员的处理

辅导员迅速赶到现场后，首先询问了两位受伤学生的身体状况，在得知并无大碍后，疏散了围观的学生。由于事发时间太晚，辅导员在安抚两位学生情绪后叮嘱他们先好好休息，第二天再到办公室进行处理。在妥善安置好同学并确认学生无碍后，辅导员才离开了学生宿舍。

第二天，辅导员询问了班长等主要干部，详细了解了小李宿舍的近况。令人失望的是，这些学生干部对于小李宿舍的情况并不十分了解。这反映了学生干部在关心同学方面并没有起到朋辈互助的作用，缺乏强有力的组织管理能力。在尽可能多方了解掌握情况之后，辅导员将宿舍四个人叫到团委办公室，向当事人询问宿舍情况。同时教育学生，在大学的集体宿舍中，每位同学都应当尽量从他人的角度看待问题，设身处地为他人着想，不能我行我素，不顾及其他同学的感受。

对于小李同学，辅导员首先严肃告知他在宿舍抽烟是违反宿舍管理规定的，因为这会有非常大的安全隐患，在宿舍抽烟将受到相关处分。其次引导其换位思考，如果他在学习了一整天之后，回到宿舍却发现舍友深夜还大吵大叫地敲电脑，根本无法休息，这是一种什么样的感受？小李在辅导员不断引导发问之下，意识到了自己的错误，内心充满了深深的内疚。小李诚恳地表示，自己将会积极改正过去的错误，努力与宿舍同学融洽相处，严于律己，遵守学校相关管理规定，成为一个更好的自己。

随后，辅导员与小李的舍友也同样进行了深入的谈心谈话，启发小李舍友思考：如果小李在入学之初刚开始出现熬夜打游戏的情况时就能够及时沟通与上报，那么这个问题很可能在早期就得到妥善解决。但恰巧是因为大家的一再忍让和默许，导致小李并不觉得自己有问题，进而使宿舍关系长期处于一种不健康的状态之中。由于出现问题没有早处理，任由事态发酵，最后产生了冲突，小问题变为大问题。

在辅导员进行换位思考的观念引导之后，宿舍四个人都认识到了自身的问题。辅导员让小李四人握手言和并就发生的肢体冲突行为道歉。同时，在辅导员的建议和监督之下，小李宿舍制定了宿舍规章制度，如规定在晚上 11 点之后必须熄灯上床睡觉、绝对不能再出现熬夜打游戏影响他人休息的情况等。

在处理完小李宿舍的问题之后，辅导员找到了班级的班长和团支书等主要学生干部，对他们进行了教育和引导。学生干部应当深刻认识到，宿舍是班级学生学习生活的主要阵地，班级学生干部要在宿舍管理中起到“监察兵”的作用，对包括自己的宿舍在内班级其他的宿舍同学均要了解，对于比较严重的宿舍问题要及时汇报给班主任和辅导员老师，不能只顾自己的学习和生活，而忽视了作为班级干部的责任与担当。学生干部要充分发挥自己的桥梁纽带作用，协助班主任和辅导员老师完成班级的管理工作，助力和谐班级、健康宿舍的建设。

三、学生工作方法总结

1. **要重视学生思想状态，提升学生的人际交往能力**。辅导员要在整个事件中抓住宿舍冲突的根本原因，及时发现学生存在的思想问题。如何妥善处理人际关系是大学生群体中较为普遍的问题，对于学生宿舍管理，及时解决矛盾纠纷是一方面，更重要的是防患于未然。要教育和引导学生学会相互理解、相互包容，共同营造良好的宿舍环境，及时掌握宿舍动态，对学生情况做到心中有数。

2. **加强法制教育，消除冲突事件发生的隐患**。学生宿舍中发生的冲突事件在一定程度上反映了学生们对于打架斗殴事件的不惧怕心理，因此，辅导员在工作中也应加强学生的法制教育，让学生意识到打架可能带来的严重后果，树立法律意识，学会用冷静、克制、理性的眼光看待问题，有效杜绝类似冲突事件的发生。

3. **注重学生的品德建设，引导学生保持稳定心态**。学生间容易发生冲突，根本的问题是缺失品德修养意识，当学生自身的思想、品行、观念发生偏移，看待人和事就会发生偏移，不平衡的心态就会产生，不冷静的行为就会出现。因此，要高度重视学生的品德建设，教育学生如何做人，树立正确的世界观、价值观和人生观。在网络发达、正负面信息大量涌入的情形下，高校品德教育的主阵地应发挥积极正面的宣传作用，研究有效的德育方式和途径，引导学生做诚信、文明、理性、谦虚的人。

案例二十二 军训期间的生日派对

一、学生遇到的问题

随着金秋的来临，充满活力的操场上便迎来了一群特殊的“新兵”——那些来自五湖四海、怀揣梦想的新生们。他们会聚于此，共同开启一段难忘的开学第一课——军训。对于这群朝气蓬勃的新生而言，军训不仅可以锻炼身体，还可以帮助他们学会如何自律、自强，如何面对困难和挫折，如何与他人合作、交流和沟通。

但是，伴随着军训的开始，学生们出现了各种各样的问题。有的同学在面对烈日和汗水时，难免产生懈怠情绪，对操练积极性不高，渴望在清凉的宿舍中躲避；有的学生缺少团队合作能力，在融入集体的过程中遭遇了困难，与他人的沟通合作变得磕磕绊绊；还有一些同学，因为害怕军训的艰辛，选择了逃避。该如何给新生上好这“开学第一课”呢？

二、辅导员的处理

为了提高新生们对于学校的认同感以及团队凝聚力，辅导员准备为新生们准备一个特殊的派对——新生集体生日会。生日派对开始后，辅导员老师首先对在场的新生们表示热烈的祝贺，希望他们在未来的日子里能够团结友爱、共同进步。随后，学院领导也对新生们寄予了殷切的期望。

接着，几位新生代表上台表演了他们精心准备的节目。欢快的舞蹈、动感的音乐和优美的舞姿瞬间点燃了现场的气氛，新生们用真挚的歌声表达了对大学生活的期待和热爱。新生们的表演赢得了在场师生们的阵阵掌声和喝彩。

随后，辅导员和班主任一起推着两个装饰精美的蛋糕缓缓走向军训场地中央。当蛋糕出现在大家眼前时，新生们纷纷围上前来，争相与蛋糕合影留念。在欢声笑语中，辅导员点燃了生日蜡烛，并邀请所有在场的新生一起许下美好的愿望。辅导员和院领导们将蛋糕切块分发给在场的新生们。大家一边品尝着甜美的蛋糕，一边畅谈着彼此的梦想和未来。

整个生日派对充满了欢声笑语，通过这次活动，新生们不仅感受到了学校和老师们的关怀与温暖，也深入地了解了大学生活的多彩与美好，增进了彼此的交流与沟通，增强了集体的凝聚力。这场集体生日派对将成为他们大学生活中一段难忘的美好回忆。

三、学生工作方法总结

1. 辅导员老师应当告知学生们军训的重要意义。军训是同学们走进大学的第一个别样体验，在此期间各种困难的出现，对学生们来说都是身体和心灵上的挑战，但也能让学生们收获成长。这些活动不仅能让学生们感受到团队的凝聚力，也能让他们领悟到在集体中积极发挥自己作用的重要性。

2. 辅导员在军训过程中，应该积极接触学生，了解每位学生的特点。在集体中，每个人都有自己的优点和特长，通过合作，学生们可以互相补充，取长补短。在平时的学习中开展多样的活动，能够展现学生们的凝聚力，促进学生之间的相互理解和友谊。

3. 提升学生的沟通能力，促进团队协作。团体活动的展开能让学生认识到沟通的重要性。有效的沟通是团队协作的关键，它能够消除误解，增进彼此的了解。在活动中，要让学生学会如何用恰当的方式表达自己的观点，倾听他人的意见。这种沟通能力的提升，不仅能使学生在团队活动中取得成功，也将对学生的日常生活产生积极的影响。

案例二十三 宿舍中发生的矛盾如何化解

一、学生遇到的问题

开学之初，小赵同学情绪激动地找到辅导员提出了换宿舍的申请。她表示，宿舍内部矛盾无法调和，她感到自己被其他同学孤立，每次回到宿舍都充满了纠结和不安。据了解，小赵所在的宿舍矛盾已经存在很长时间，并且情况比较复杂。

一年前小赵与同宿舍小孙关系较差，但是与其余两个人关系较好，小赵三人就想搬到另外的宿舍，与小孙分开，但是宿舍有限，学院一直没有批准，在学期末小赵打算自己换宿舍。之后小孙和其他两个同学关系升温，小赵显得格格不入。于是在未经院团委老师和宿管阿姨同意下，小赵私自把自己的床铺搬到了隔壁宿舍，宿管阿姨发现后责令小赵要么尽快经过院团委同意，要么尽快搬回原宿舍。小赵情绪崩溃地来到团委办公室，向辅导员提出换宿舍的申请。

二、辅导员的处理

面对小赵同学的困扰，辅导员首先耐心地安慰她的情绪，让她感受到老师的关心。在辅导员的安慰下，小赵逐渐打开心扉，详细讲述了整个事件的经过。从小赵言语中能感受到她的不自信以及挫败感，她说，自己内心其实一直希望能够回到原宿舍，能够与宿舍同学融洽相处，但不知道该如何处理。从小赵这里了解到事情经过后，辅导员表示一周之内解决宿舍问题，同时联系宿管阿姨让小赵暂时在隔壁宿舍住一周。

与小赵沟通后，辅导员找到班级的班主任、主要班干部一同了解小赵宿舍的具体情况，了解到宿舍里除了小赵其余三位学生在班级中人际关系良好，因此班级干部们认为小赵在宿舍中的人际关系问题可能更多地源于她自身。辅导员同时了解到小赵宿舍的其余三人在第二天晚上要在院级活动中表演节目，于是去活动现场看了三个学生的节目，以作为第三天与小孙三人谈话的“引子”。

辅导员在掌握班主任以及班干部的想法、观看完小孙三人的节目后分别约了三位学生到团委办公室进行谈话，三位学生均表示与小赵是有一些小矛盾，再加上小赵的不辞而别让她们很不愉快，才导致了现在的局面。在与小赵以及其他宿舍成员的分别聊天过程中，辅导员发现小孙对小赵的意见尤为突出。为了促进双方的理解和沟通，辅导员安排了小孙与小赵进行深入交流。在这次交流中，两人敞开心扉，小赵对小孙的态度有了明显的转变，她开始理解小孙的立场和感受，也对自己的行为进行了反思。小孙对小赵的态度也有了改善，表示愿意小赵回宿舍。至此，在与小孙三位同学的单独聊天中均表示接受小赵回来。

在辅导员确定小赵四人意见一致时，第三天晚上约了小赵宿舍四个人到团委办公室进行调解，辅导员从学业、友谊、就业、个人成长等多个角度解释了宿舍关系融洽对于一个大学生的重要性，四位同学当场表示要重归于好，随即四人一起回到宿舍。在事件结束两周后，辅导员后续跟踪宿舍情况，得知四人相处融洽。

三、学生工作方法总结

1. 掌握学生心理，采用谈心技巧。小孙与小赵的宿舍矛盾是目前大学生常见的人际交往问题。95 后、00 后大学生，在政治、经济、文化等获得巨大发展的当今社会，体现出思维活跃、多才多艺等优点，但同时也可能伴随着急功近利、遇事偏激等性格缺陷。在这之中，谈心谈话是辅导员必须掌握的一项职业技能，辅导员要学会根据不同学生的性格以及不同表现，采用不同的谈心谈话技巧，以达到事半功倍的效果。

2. **要倾听多方的声音，对事件当事人进行客观公正的对待**。当宿舍内发生矛盾时，全面掌握与事件有关的有效信息，分析矛盾产生的原因，做到公平、客观、公正地对待每一位学生。

3. **做好预防工作**。00后学生是“网络原住民”，各类问题的出现有一定的隐蔽性，辅导员应该加强相关专业知识的学习，提高自身专业水平，从而及时发现学生存在的问题，提前做好干预和预警。在平时就教育和引导学生学会处理人际关系，营造良好的宿舍氛围。

4. **建立上报机制**。学生干部作为老师和学生之间的重要纽带，是辅导员各项工作顺利展开的得力助手。辅导员要充分发挥学生干部与各宿舍的宿舍长在宿舍管理中的作用，对于宿舍中存在的问题学生干部要及时向辅导员反馈，做到早发现、早干预，将可能出现的矛盾扼杀在萌芽之中。

案例二十四 沟通、理解与尊重是消弭矛盾的良药

一、学生遇到的问题

小王和小张是同班的大二学生，两人是非常要好的异性朋友。大二新学期伊始，小王谈了一个男朋友，然而，小张却对这个男生颇有微词，劝诫小王与他分手。不仅如此，小张还在共同好友之间发表了一些对小王男朋友的不满言论。这些言论传到了小王的耳中，两人因此产生了些许不愉快。

没多久，小张在操场看见小王和她男朋友一起散步，他偷偷地录下了一小段视频，并与他们的共同好友分享。小王得知小张偷录视频的事情，非常愤怒，和小张发生了激烈的争吵，并在朋友群辱骂了小张。小张一气之下，将之前录下的视频发到了朋友圈，公开在朋友圈进行言语攻击。小王认为小张侵犯了自己的隐私，找到班主任想要报警，班主任联系上辅导员，请辅导员进行处理。

二、辅导员的处理

该案例中的两位学生由于沟通不到位，导致矛盾不断升级，最终昔日好友恶语相向。辅导员在得知事情后，第一时间在微信上与小王取得联系，安抚小王情绪，并表示自己很快赶到学校来处理问题，事态尚可以控制，建议小王先不要报警。随后辅导员联系上小张，告诉他这种行为涉嫌侵犯他人隐私，会严重损害同学友谊，让他立刻把发在朋友圈的视频内容删掉。

辅导员赶到学校后与小王取得联系，让小王到团委办公室进行一对一谈话，在谈话过程中小王情绪激动，感觉十分委屈。辅导员从小张的角度解释

了小张最开始的初衷，但对小张录像并发到朋友圈的行为进行了严肃的批评，小王情绪稍有缓和，于是辅导员让学生小王在团委办公室一起等小张排练结束进行当面协商。

小张到团委办公室后向辅导员老师袒露心声，自己本来是担心好朋友被骗，但是由于用词不当，这才导致和小王沟通的时候发生了矛盾。辅导员当着两个学生的面，指出了两位同学在处理问题时的不当之处。作为朋友相互关心很重要，但是打着关心朋友的旗号，干扰朋友择偶并发布不当言论是不恰当的行为。小张删除朋友圈内容并向小王道歉，承诺不在公开场合议论小王男朋友的事情。最终在辅导员的调和下，双方握手言和。

三、学生工作方法总结

大学是学生进入社会前一个必经阶段，也是一个锻炼自己、重塑自我的舞台，而班级生活、人际交往在大学生活中有着极其重要的作用。作为辅导员应该传授给学生这样一种思想：在学校不仅要学会如何学习、生活，更要学会包容、理解和帮助别人，在和同学有矛盾时，更需要学会相互尊重、相互包容，这样才能构建一个良好的环境，促进学习，促进身心的健康成长。同学关系不和、气氛紧张，都会给学习和生活带来严重的负面影响。

辅导员遇到学生矛盾问题时不能掉以轻心，要确保弄清事实，做出正确决定。像本案例中的学生因为对事情的处理不当，发表不恰当言论等，造成了好友之间的矛盾，如果仓促要求只是删除朋友圈，不仅解决不了根本问题，反而会伤害到学生的感情，给今后的学生管理工作带来诸多麻烦。所以辅导员要在日常工作中就有意识地进行观察及干预。

1. **学生应成为自己人际关系的疗养师**。学生的大多数矛盾冲突，辅导员是不在场的，即便尽可能了解事情原委，大部分情况也很难准确判定细枝末节。因此辅导员在处理学生纠纷时，应把工作重点放在疏导、教育而并非决策上，引导学生学会自行调解。

2. **学生矛盾只有“和平共赢”或“两败俱伤”**。辅导员不要追根问底定判“是非胜负”，过分追究对错不利于双方后续情感恢复。宜将大事化小、小事化了、正向引导。高校学生矛盾大多数不是因为利益冲突，教会学生珍惜当下情谊，在出现摩擦时学会体谅宽容、礼貌退让更为重要，也有助于学生健康人格的发展。

3. **辅导员不是“大法官”，调皮蛋也不总是干“坏事”**。大多数学生冲突行为往往并不是“预谋已久”，当代青年学生更容易出现意气用事、武力冲动等特点。在处理突发事件时，辅导员应就事论事，切忌给学生乱戴帽子，影响对事情的判断。教育的立足点应是“育人”，而非“抓人”和“罚人”。

4. **网络是把双刃剑，学生健康成长离不开“线上”护佑**。当今大学生普遍、过多依赖网络沟通交流、表达诉求。网络更容易成为非正当行为的保护伞，虚拟空间更易发生难以控制、不易察觉的“线上暴力”事件。辅导员必须会上网、用好网，关注 QQ 空间、微信朋友圈、新浪微博等 00 后学生常用的社交平台，及时发现潜在隐患与不良苗头，保护学生免受“网暴”。

案例二十五 人文关怀 为学生成长护航

一、学生遇到的问题

小丽同学初二时父母离异，此后跟随母亲生活。然而，天有不测风云，高二下学期时，母亲因病离世，给小丽带来了沉重打击，她的身体状况也因此一直不佳，需要依靠中药来调理。大二上学期，疼爱她的爷爷又因疾病离世，这无疑给她再次带来了巨大的伤痛。

母亲去世后，抚养小丽的责任落在了父亲身上，由于小丽同学从小一直由母亲照料，因此对父亲比较抵触。而父亲的经济情况也十分拮据，几乎无法给予小丽经济上的支持。她的生活费主要依赖年迈的奶奶不定期提供。小丽身体瘦弱，看中医和购买药物都是一笔不小的开销，这给她带来了沉重的经济压力和心理负担，不知道如何维持自己在大学期间的各种开销，顺利完成学业。

二、辅导员的处理

学院在了解其具体情况后，共同商讨决定向小丽同学定期进行资助。辅导员老师帮小丽申请了助学金，让她充分感受到学院的关怀与温暖。在院校的共同帮助下，小丽在生活方面获得了很大的帮助，能以积极的心态投入学习生活当中去。

辅导员通过开班会、微信公众号、班级微信群等途径积极宣传资助政策；准确收集家庭经济困难学生申请信息，精准落实好国家资助政策，不落下任何一个求学心切的家庭经济困难学子；做好每一学年国家助学金的评定、审核、公示、审批、发放等工作；做好每一学年免学费受助学生的审核工作；每月定期向学院汇报，提交受助学生名单，关心受资助学生具体情况；对享受住校生生活补助的学生进行信息统计、整理汇总，核实上报、审批及发放资助金；完善学生资助档案管理的规范和标准，严格、细致、精确、科学地归类汇总；加强与上级主管部门的沟通，及时与主管部门联系，认真领会相关政策和操作流程，为我院资助管理提供政策依据和技术支持。具体措施如下。

1. **心理疏导，人文关怀**。小丽同学从小几乎未感受过家庭的关爱，与其父亲关系疏远，原生家庭带来的自卑心理让其在处理人际关系上常常遇到一些问题。针对这些情况，辅导员及班主任从情感上贴近她，从学习上关心她，在生活上帮助她，鼓励其他同学与她交流，遇到问题时鼓励其多与任课老师联系。老师也经常找她谈心，掌握她的思想状况，有的放矢地化解她心中的困惑，帮助她克服自卑心理，树立自信心，自立自强。让她认识到每个人都是平等的，困难是暂时的，是可以改变的，进而激发她的进取心，真正认识到多一分努力，就会多一分收获的道理。

2. **提供实质帮助**。家庭经济困难学生渴望通过自己的努力改变自己的未来和家庭，因此资助工作对学生来说至关重要。在学院党委的指导下，以班主任为主，提倡全体教职工积极参与并落实到具体行动上。对学生的资助工作应保持持续性、稳定性，进行长期跟踪、支持、关注。像小丽这样的例子有很多，家庭给予的生活费用往往不能满足他们最低的生活需要，因而学院会适当给予帮助，每学期开学为他们购买学习用品、生活用品及课外读物，帮助他们渡过难关，使他们安心地投入学习。对于资助的学生名单，由学生本人申请、学院审核、学校评定。在学院审核的过程中，要深入班级进行摸排，同时要关注是否有学生因为自尊心较强虽家庭经济困难，但不愿申请的情况存在，以及是否有学生因家庭变故出现了经济困难。

虽然资助保证了学生的生活需要，但不能忽略的是必须培养他们自己刻苦努力、持之以恒的学习态度，养成良好的学习习惯，这样才能在未来的社会上立足，有所建树，为社会贡献自己的聪明才智。充分发挥学生干部、党员积极分子先锋模范作用，充分发挥朋辈作用，帮助他们掌握学习方法，使他们学会学习。学校期待着小丽怀有感恩之心，在未来能够用自己的力量回馈社会，帮助那些同样需要帮助的人。

三、学生工作方法总结

1. **注重人文关怀、心理疏导**。提到家庭经济困难学生的资助，人们往往联想到的是经济资助，其实更为重要的是人文关怀。案例问题的表面是关于家庭原因致困资助的问题，但深入讨论，案例存在的更多是关于学生面对家庭的变故而产生的心理压力，从而影响学生自强自立的品格养成，以及学业问题，等等，这些问题的解决并非是一朝一夕就能完成的。案例中学生父母离异后，母亲与爷爷相继因病离世，而其余亲人又无法提供经济上的支持，对于这种情况，在为受助学生提供各类物质保障的同时，根据学生的身心发展特点和教育规律，给予学生更多生活技能和心理疏导方面的帮助、启发、引导和教育，使受助学生正视生活坎坷，积极勇敢面对处理。通过树立和宣传逆境成才的典型事例来激励家庭经济困难学生，培养其良好的心理品质和自尊、自爱、自律、自强的优良品格，增强其克服困难、经受考验、承受挫折的能力。

2. **营造相互信任、相互支持的生活环境**。很多学生因家庭变故，造成心理落差，从而形成自卑心理，不善与人交流，表现为沉默寡言、独来独往，人际关系渐趋淡漠，身边朋友同学提供的支持也大大减少。因此，辅导员应该在班级宿舍内营造相互信任、相互支持的生活环境，同时加强家校联系，形成共育合力。

第四章 党团和班级建设篇

班团管理是辅导员工作的重要一环，它涉及班级的组织架构、日常运行、学生关系协调以及班级文化建设等多个方面，这些构成了学生大学生活的点点滴滴。如何有效地管理班级团队，促进班级和谐稳定，提升学生集体荣誉感和归属感，是每位辅导员都需要深入思考和探索的课题……

案例二十六 党建领航团建路

一、学生遇到的问题

某高校学院党委为深入贯彻落实新时代党的教育方针，进一步推动党建与团建的深度融合，提升学院团组织的凝聚力和战斗力，特别策划实施了“党建引领，团建同行”系列活动，活动包含党支部与新生本科班级结对共建、红色演出团巡演、党史宣讲等。其中红色演出团巡演已经深入社区、部队干休所、社会福利中心及中小学等，在当地产生一定影响，该党支部也被学校评为“特色党支部”。

结对仪式上，新生班级班长小轩就班级成员组成、班委任职、班级活动开展等方面介绍了三个月来班级同学的学习、工作和生活情况，同时提出了目前存在的困惑以及对未来发展的展望。

学院党支部怎样开展党建带团建活动？如何推动党建带团建工作深入开展并取得实效？这是辅导员们需要深思的问题。

二、辅导员的处理

组织汇报工作结束后，辅导员针对班级情况进行了分析，客观指出了存在的问题并提出建议，鼓励同学们多与党支部成员、老师们交流，在不断探索中明确今后的发展方向；指出学生组织需要进一步明确组织定位，发挥学生组织服务学生、引导学生的积极作用，与班级形成合力，共同建设优秀集体。

通过此次会议，进一步落实了党支部联系班级和学生组织制度，加强了对学生情况的了解，以便帮助同学们更好地度过大学生活，圆满完成学业。这次会议体现了“一切为了学生”的教育理念，密切联系学生，切实关心青年学生的健康成长，使学院的班级和学生组织管理构成体系，完成具有特色、充满活力的组织构建。

高校学院党建带团建的意义与目的在于加强党的青年工作、提升团组织的凝聚力和战斗力。通过党建促团建可以更好地团结、教育、引导青年，能激发广大师生的积极性和创造性，营造浓厚的学术氛围和校园文化，培养中国特色社会主义事业的合格建设者和可靠接班人。

本案例通过学院基层党组织引领和带动，提升团建水平，为团建工作提供有力支持和保障。

1. **加强组织领导，加强队伍建设**。党建带团建工作需要有明确目标、任务和措施，应纳入学院整体工作规划，明确党支部和团支部的工作职责。党支部要培养并选拔出一批政治觉悟高、全面发展的优秀党员，开展党支部与新生班级结对共建，共同开展团建活动、做好学生思想政治工作，服务新生班集体建设，促进学生成长成才，提高人才培养质量，不断发挥优秀党员的先锋模范作用。

2. **创新活动形式，开展系列活动**。案例中党支部根据新生班级的特点和需求，与团支部建立结对关系，旨在通过党组织的引领和带动，促进团建工作的深入开展，加强新生班级的凝聚力和向心力。党建带团建也可以通过组织党员与新生班级开展主题党日活动、座谈会、红色主题演出、党史宣讲、参观红色基地、开展志愿服务、社会实践活动，加强学生思想政治教育，引导新生树立正确三观。开展活动需要结合学院、学科、专业特点，创新活动形式和内容，激发学生主动性和积极性，充分发挥党建的引领作用。此外，学院也可以制订一系列切实可行的共建计划。例如，针对新生班级在学习、生活等方面遇到的困难和问题，党支部和团支部成员进行帮扶和指导，帮助他们尽快适应大学生活。又如，学院还可以通过举办学术讲座、职业规划辅导等活动，提升新生的专业素养和综合能力。

三、学生工作方法总结

通过党建带团建、与新生班级结对等共建项目的实施，该学院新生班级的团建工作得到有力支持和保障，班级的凝聚力和向心力有了明显提升。

1. **党建引领可以确保团建工作方向**。在一系列党建带团建活动中，党员和团员代表们发挥了积极作用，在提升自身能力的同时，将专业知识学习和实践相结合，进一步增强了自身的责任感和使命感。

2. **党支部应加强对团建工作的指导和支持**。学院党支部应加强对团建工作的指导和支持，注重思想引领，强化政治教育，创新工作思路，探索适合团员特点的活动，并激发青年团员的参与热情，提高综合素质和实践能力，这对于以党建促团建工作具有重要意义。

案例二十七 完善党员教育管理模式 提升支部服务力

一、学生遇到的问题

小李是一名大三学生，成绩优异，多次获得奖学金，同时也是学生会的干部，积极参与各类校园活动。在周围同学和家人的鼓励下，他决定申请入党。

然而，小李的入党动机并非出于对党的信仰和对社会主义事业的热爱，而是将入党视为一种“加分项”，期望在未来的求职和升学中增加竞争力。

在申请入党过程中，小李并没有深入学习党的历史和理论，只是机械地背诵了一些党的基本知识。一些党日主题活动，他也总是以各种理由请假缺席，缺乏为人民服务的实际行动和体验。应当如何帮助小李树立正确的入党动机，并结合实际做好学生入党前、入党后的教育与考察工作?

二、辅导员的处理

辅导员及团委老师发现小李的入党动机不端正后，并没有直接拒绝他的申请，而是决定通过一系列教育和引导措施来帮助他端正入党动机。他们组织小李参加了党的历史和理论学习班，让他深入了解党的光辉历程和伟大事业。同时，他们还引导小李参与志愿服务和社会实践活动，让他在实践中体会为人民服务的宗旨和使命。

随着社会的快速发展和就业压力的增大，入党成了许多大学生眼中一块重要的“敲门砖”。部分学生认为入党可以为未来求职、升学提供便利，或是出于对社会地位和荣誉的追求，而非真正出于对党的信仰和对社会主义事业的热爱。这种入党动机不端正的现象逐渐引起了高校和社会各界的关注。小李的案例反映了当前部分大学生入党动机不端正的问题。这种现象的出现，一方面与社会环境有关，如就业压力大等；另一方面也与高校党建工作的不完善有关，如入党教育不够深入、入党审核不够严格等。

针对这一问题，高校应加强对大学生的入党教育和引导，帮助他们树立正确的入党动机。同时，还应完善入党审核机制，确保只有真正符合入党条件、具有正确入党动机的学生才能加入党组织。

1. **要了解学生思想动态，认真分析研讨**。首先与小李身边的同学和老师进行深入交流，全面了解他的实际情况。在此基础上进一步和小李交流谈话，深入了解他的入党动机以及认识上的错误，引导学生树立正确的价值观，明确入党是由于个人对共产主义事业的坚定信仰，而非简单的功利追求。

2. **要加强入党前教育引导，深化理论学习**。通过组织学习党的历史和基本理论，让学生深入了解党的性质、宗旨和任务，增强对党的认同感和归属感。通过开展形式多样的志愿服务和社会实践活动，培养学生服务意识，增强社会责任感，助力学生成长成才。

3. **要完善入党审核机制，全方位考察学生的理论学习效果、实践活动、个人品德等方面表现**。经过考察，只有符合标准的学生才能入党。增加与学生谈心谈话，注重考察学生的入党动机、对党的认识和理解，确保学生具有正确的入党动机。

4. **加强党员教育和管理**。对已入党的学生进行持续的教育和培训，确保他们始终保持对党的忠诚和对社会主义事业的热爱，建立健全党员管理制度，对党员的行为进行规范和监督，提高党员的组织观念和纪律性。

5. **树立先进典型，营造学习氛围**。树立和宣传一批先进党员典型，让他们的先进事迹和优秀品质感染和影响更多学生，发挥党员的先锋模范作用，加强校园文化建设。

三、学生工作方法总结

小李的案例提醒我们，高校党建工作不仅要注重主题活动数量，更要注重质量，解决学生入党动机不端正问题需要多方面的共同努力。

1. **“三心”齐备，关爱学生**。辅导员要有耐心、爱心、细心这“三心”，关心关爱学生成长。在学生入党前的教育和引导阶段，需要注重个性化教育，关注每个学生的内心世界和思想动态。通过深入了解每个学生的情况，引导他们树立正确的入党动机。只有通过加强入党教育、完善入党审核机制、加强后续教育和管理等措施，才能确保大学生树立正确的入党动机，为党和人民事业做出更大的贡献。

2. **强化后续教育和管理**。进一步完善入党审核机制，制定更加明确和严格的审核标准。同时，加强审核过程的监督和管理，确保每个入党的学生都具有正确的入党动机和坚定的信仰。一旦学生递交入党申请书，需要加强对他们的后续教育和管理。通过定期的组织生活、学习培训等方式，保持他们对党的信仰和热情。同时，建立健全的党员管理制度，对党员的行为进行规范和监督，确保他们始终保持良好的品德和行为，做好表率作用。

案例二十八 提升学生干部的工作能力和积极性

一、学生遇到的问题

小赵在高中时期连续担任过两年班长，自认为有能力也有信心继续在大学内担任班委。进入大学后，他积极投身于班级班干部的竞选中，并以出色的表现赢得了同学们的支持，最终成功当选为班长。然而，大学的班级管理相较于高中更为复杂，对组织协调能力和经验的要求也更高。随着时间的推移，小赵逐渐发现，大学的班干部工作远非想象中那么简单，需要组织协调其他班干部的工作；根据辅导员或班主任的要求，组织召开班会，并协助学委督促班里同学完成老师布置的任务；为调动同学的积极性，组织开展各项活动，等等。面对这些挑战，小赵逐渐感到有些力不从心，频频出现工作失误，在学习上，也没有为同学起到一个带头示范作用。小赵日益懒散的工作态度，引起同学和班主任的不满。应当如何提高学生干部的工作能力及工作积极性？

二、辅导员的处理

在得知这一情况后，辅导员迅速与小赵取得了联系。小赵告知辅导员，担任班长让他感到十分疲惫，他甚至想要辞去这一职务。辅导员首先安抚了小赵的情绪，并向其表示班长乃是全班同学的“领头羊”，肩负着带动全班同学发展进步的重任，必须各方面严格要求自己，要为同学们起到表率作用；作为班长还需要学会统筹安排工作，知人善用，要对自己的学生干部团队深入了解，根据工作内容，进行合理的分工，这样既能保证工作高质量完成，又能使班长从繁杂的事务性工作中解脱，统筹安排好班级工作，实现服务力的提升。

经辅导员和班主任等多方协调，小赵决定从“头”开始，重新审视自己的工作态度和方法。经过一段时间的努力和付出，小赵的工作逐渐得到了班级同学的认可和肯定，学习成绩也有了明显提升，为班级同学树立了一个良好的榜样，班级的氛围也变得更加和谐、向上，同学们更加团结、友爱。

学生干部工作是高校思想政治工作之中的重要一环，学生干部工作做得好不仅能够提升思政工作的落实效率，还能有效增强思政工作的实际效用。同时对于学生干部来说，也可以提高个人思想觉悟，全方位锻炼自身能力。但是，班干部作为辅导员与学生之间的“传送带”，班主任与学生之间的“交通纽带”，必然会出现一定的工作压力及如何合理分配时间的困扰，针对小赵同学出现的问题，可以概括为以下几方面因素。

1. **角色定位不明确**。小赵之所以会觉得力不从心，是因为他将高中的班长管理机制应用到大学中来，而大学生活中的种种活动、事务、压力都是高中班干部所不可比拟的，需要班干部具有极强的沟通协调能力和组织能力，因此更加考验班干部的综合能力。小赵觉得力不从心，需要老师帮助其及时调整角色定位。

2. **缺少必要的培训指导**。刚迈进大学的新生，对于新生活、新环境、新管理方式都很陌生。要为学生干部搭建沟通与交流的平台，提高学生干部的工作能力，特别是工作方法与技巧、沟通方式与技巧方面的能力。应加强学生干部心理健康教育、人际关系处理、公文写作、社交礼仪等方面知识的培训，不断提高其综合素质。

三、学生工作方法总结

1. **疏导心理压力，注重正向评价**。在得知学生因为担任班级职务而产生巨大心理压力时，辅导员应当第一时间安抚学生情绪，肯定学生的个人价值，列举出他所做出的种种贡献，以老师的权威视角给予其积极正向的评价，使其从不良情绪中摆脱出来。

2. **帮助提高学生干部自身素质**。从高中步入大学，学习和生活等各方面都经历了巨大的转变，不再有高中时期那种强制性的生活规律。对于来自不同民族、不同地域的大学生来说，短时间内要达到统一的标准确实存在难度。因此，老师要在学生干部的日常生活中给予更多的关心和引导，帮助他们学会如何专心学习、认真工作，并合理分配时间。只有这样，学生干部才能在出色地完成工作的同时，也取得优异的专业成绩，做到学习工作两不误。

3. **充分调动学生干部的工作积极性**。真诚地与学生干部交流，对学生干部进行情感投入也能调动学生干部的积极性。解决以往对学生干部“使用多、培养少、沟通难”的问题，实现各级组织的人性化管理。让学生干部在工作中“干得开心”，在与同学相处中“处得开心”，在老师的指导和帮助中“学得开心”。积极创造学生干部的成长空间，让他们在宽松和谐的环境中快乐地学习、工作和生活。

案例二十九 特色微党课 追忆奋斗百年路

一、学生遇到的问题

在科技快速发展、西方文化价值观冲击我国大学生世界观、人生观、价值观的情形下，帮助大学生正确认识我国在世界所处的地位，以及我国优秀传统文化、革命文化和社会主义先进文化对我国社会主义现代化建设的重要作用，对于他们树立道路自信、理论自信、制度自信、文化自信尤为重要。

在音乐里感悟初心，在党史故事中感受使命。音乐微党课，是由某学院党支部成员讲解红色经典音乐作品并进行作品演绎的特色党课。特色党课中既涉及“红色印记”的经典音乐作品，也包含党史宣讲的相关内容，是大学生学习党史重温初心使命的重要创新形式。大学生平时学业繁忙，如何使党课更加生动有趣，红色故事更深入人心？这是一个值得探讨的问题。

二、辅导员的处理

针对上述问题，辅导员创新了一种课堂形式，即将党课与音乐结合，从新媒体平台引入学生艺术实践，通过优秀的经典音乐感悟历史、致敬时代，形成“线上 + 线下”相结合、“校内 + 校外”相贯通的特色微党课——音乐微党课。音乐微党课既能向学生传递红色故事，又结合音乐，丰富党课内容，让微党课的讲述更加生动，旋律和红色故事更深入人心，发挥出了音乐微党课的最佳效能。

目前，该音乐微党课已经面向众多学院的学生党员以及校外社会福利中心、消防支队、部队干休所、社区等多个单位开展，通过校内与社会相关部门单位的合作交流，广泛宣传爱党敬党，生动形象地输出红色经典文化的社会价值，获得社会各方面一致好评。

该音乐微党课结合新媒体，线上授课与分享视频，让红色文化传播不受时空限制。建立互动平台，把不同时期的音乐作品、不同风格的音乐作品设计制作成专题。主要有两方面的创新。

1. **形式创新，营造浓郁红色文化氛围**。借助视频传播，加强情境渲染，形成良好的红色文化氛围，达到一个大范围、广受众沉浸式体验的效果。发挥微党课小切口、小主题、小平台的特点，以新颖活泼的形式让受众耳目一新。例如，一段红色音乐的流传与历史的结合，由远及近，由革命先辈到身边榜样。社会群体的范围扩大，不局限于当场演出的受众，而是包括新媒体下来自不同年龄段、不同群体、不同行业的受众人群。微党课在新媒体平台推出，让群众通过手机、电脑客户端随时收听、收看。同时受众也能发表意见和建议，实现积极互动，进一步发挥其交流互动的优势。

2. **主题范围广泛，“党课宣讲”与“演出”双结合**。该特色微党课的授课内容以党史为脉络、音乐为载体，紧紧围绕中国共产党的初心，通过丰富的党史故事、生动的音乐表达，展示了党的诞生、发展、壮大足迹，展现了党团结带领人民走向胜利的壮阔篇章，变理论灌输为音乐感染，增强了党性教育的实效性和生动性。围绕党史，以党课与音乐演出相结合的形式，对党的基本理论、基本路线、基本方略进行宣传教育。除了红色音乐、红色故事、红色人物的选择，提高课程质量、拓展观众数量也是微党课的目标。选用红色音乐素材，依托学院特色和学生专业所长，使节目内容形式丰富多彩，主要包含朗诵、舞蹈、声乐演唱、器乐演奏等。回顾党的历史，输出红色文化，获得身份认同感。将歌曲教唱与党史宣讲结合，实现了党课深入人心的目标，提高了党性教育的渗透力。通过红色歌曲的传唱，让大家在音乐中重温党史，在旋律中感受初心，在歌声中传递能量，在震撼中受到教育。

三、学生工作方法总结

音乐微党课将歌曲教唱与党史宣讲结合，实现了党课深入人心的目标，提高了党性教育的渗透力。通过红色歌曲的传唱，让大家在音乐中重温党史，在旋律中感受初心，在歌声中传递能量，在震撼中受到教育。经验与启示如下。

1. **传承红色精神，增强社会责任感**。党课，是中国共产党的组织对党员和入党积极分子进行教育而开设的课程，微党课是一种新型的党员教育形式，主要利用新媒体平台（微信、微博、APP 等）进行党的理论、路线、方针、政策的教育和宣传，发挥其微型化、灵活性、互动性、针对性的特点，让党员在短时间内快速了解和学习党的相关知识，提高党员的政治觉悟和思想认识。通过微党课这种形式，可以有效提升党员的思想政治教育效果，增强党员的党性修养和使命感。辅导员开展工作时可以结合学院专业特色，创新党课形式，通过与社会相关部门单位的合作与交流，增强当代大学生和社会人士的责任感和认同感，是一种双向的交流模式。

2. **发挥高校优势，展现青年特色**。红色音乐教育已逐渐成为当地一个热点话题，在实践中锻炼学生专业能力的同时，也促进了高校与社会的紧密联系。结合社会部门单位优质资源，发挥高校优势，展现青年特色。快速发展的社会同样需要精神力量，以党课与音乐演出相结合的形式，完成对党的基本理论、基本路线、基本方略的宣传教育。通过微党课，引导党员坚定理想信念，恪守政治纪律，从思想上政治上行动上同党中央保持高度一致。回顾党史，输出红色文化，让大学生获得身份认同感，使惊心动魄的战争场面、真实发生的动人故事通过词、曲的节目形式得到重温。让大学生感知我党艰苦卓绝的奋斗历程，培育爱国之情，激发报国之志！

案例三十 创新支部活动 打造“红色演出团”

一、学生遇到的问题

习近平总书记明确提出，要用红色基因培养担当中华民族复兴大任的时代新人，为实现“两个一百年”奋斗目标汇聚磅礴的青年力量。为此，某学院党支部打造出一支弘扬党的红色革命精神、回顾党的光荣历史、传承党的光荣传统的实践队伍——“重温经典 烙印时代”红色演出团。通过音乐艺术展演的形式输出红色经典文化。“红色演出团”一经推出后，就取得了良好的效果，受到了众多媒体的报道与宣传。那么，参加活动的学生党员应如何平衡学习和工作的矛盾呢，做到既能做好支部工作，又能顺利完成学业，这也是辅导员应该认真研究的课题。

二、辅导员的处理

对以上问题，辅导员从三个方面做了创新尝试，并取得了良好效果。

1. **加强思想引领，传承红色基因**。结合学生特点，支部坚持丰富资源、创新载体，采取青年喜闻乐见的教育形式，积极开展党员最新理论学习，把提高理论素质同坚定理想信念、提高党性修养结合起来。通过入党启蒙教育专题讲座，搭建交流研讨会平台，探寻红色革命根据地，举办主题演讲、征文比赛等，切实提高党员的素质和解决问题的能力，引导学生在学习中重温革命精神，坚定理想信念，传承红色基因。

2. **践行红色使命，建设育人阵地**。“红色演出团”的学生各有所长，各尽其能，节目内容形式丰富多彩，主要包括朗诵、舞蹈、声乐演唱、器乐演奏等，在艺术创作中融入爱国情怀、民族气节，力求演绎出有思想、有深度、能打动人的作品。此外，与各社会单位部门进行结对共建，青年大学生与部队退休干部、消防员、社区群众一起重温红色经典，唱响时代精神。

3. **新建思政小课堂，创建服务结对模式**。建立实践育人机制，鼓励青年学习实践，参与文化传播和志愿服务，在润物无声中自觉坚定理想信念，矢志不渝听党话、跟党走。以音乐回望党史，用歌声铭记初心，以弘扬中华优秀传统文化、革命文化、社会主义先进文化为导向，用实干肩负起党赋予青年的责任和使命。建设基层服务型党支部，以服务促发展、以发展促服务。加强组织建设，大力建设服务型基层党组织，切实把基层党组织的功能拓展到服务社会、服务群众上来。与社会组织联合结对，有效激发党员立足本专业、争做优秀党员的动力。明确党员为学生服务、为教师服务、为学院服务的“三服务”意识，切实发挥学生党员的先锋模范作用，努力提升师生党员“一切为了群众，让人民群众满意”的整体形象。

三、学生工作方法总结

案例中“红色演出团”的推出有助于凝聚支部力量，彰显党员先锋模范作用。党支部活动在党员的生活中扮演着重要角色，它不仅是党员交流思想、增进团结的平台，也是提高党性修养、推动党的各项工作深入开展的重要途径。

1. **强化党性修养**。通过党支部活动，使学生党员更加深刻地认识到党性原则的重要性。在集体讨论、学习交流中，党员们时刻保持着对党的忠诚和对人民的热爱，这种精神力量感染着党员并使其坚定自己的信仰。

2. **增进团结协作**。党支部活动为党员们提供了一个相互了解、相互支持的平台。在活动中，大家共同学习、共同讨论，增进了彼此之间的了解和信任，进一步增强了支部的凝聚力和战斗力。

3. **注重理论与实践相结合**。党支部活动不仅注重理论学习，还强调将理论运用到实际工作中去。通过参与活动，党员更加明白如何将党的理论、方针、政策与实际工作相结合，推动工作顺利开展。

4. 持续学习，勇于担当。激发党支部活力，不断创新活动内容与形式需要持续学习，不断提高自己的政治觉悟和业务能力。在党支部建设过程中积极参与，贡献力量，坚持原则，勇于担当；在面对困难和挑战时，始终保持党性原则，勇于担当责任，不推诿、不扯皮，以实际行动维护党的形象和利益。

案例三十一 班级是我家 荣誉靠大家

一、学生取得的成绩

小马同学原为某学院某专业2019级班长，已保送为硕士研究生。担任班长期间，她带领班级获得了很多荣誉，如省级先进班集体、校级先进班集体、校级红旗团支部、校五星级团支部、校文明宿舍等。

在学生个人荣誉方面，小马同学所在班级中，有14人被发展为中共（预备）党员，1人被评为省级优秀毕业生，1人被评为省级优秀学生干部，1人被评为省级三好学生，12人被评为校级优秀毕业生，4人被评为校级优秀团干部，20人被评为校级优秀团员，13人被评为校级暑期"三下乡"社会实践先进个人，1人被评为校级"三下乡"宣传报道先进个人，1人被评为校级暑期疫情防控优秀志愿者。

在获得奖学金方面，该班级中有1人获得国家奖学金，1人获得瑞华奖学金，4人获得国家励志奖学金，18人获得校级专项奖学金。在硕士研究生录取方面，该班级中有4人获得保送资格，有12人考取研究生。

小马同学大学期间曾获得校级优秀学生干部、校级优秀团员（三次）、校级优秀毕业生、校一等奖学金（三次）、校创新创业大赛铜奖、院寒暑假先进个人等多项荣誉；曾担任该班班长兼纪律委员、学院学生会主席，积极参与组织活动20余场。在班级中，小马同学无私奉献，积极协助同学解决生活、学习、工作上的困难。她工作认真负责，积极承担辅导员交代的任务，积极协助其他同学完成工作。同时具有较强的管理能力，作为学院和班级的主要学生干部，能够有效组织大家参与各级各类活动，调动同学们的积极性，提升班级的凝聚力。

优秀的小马同学在追求自我进步的同时，也积极推动了班级的整体发展，这背后的原因与方法值得辅导员深入思考和探讨。

二、从案例中得到的启示

通过以上案例，可以看出小马同学是一个具有积极影响力的学生榜样，她之所以能够在个人发展和班风建设等方面表现优秀，主要有以下三个重要原因。

1. **学校和学院思想政治教育工作开展到位**。学校和学院注重学生的思想政治教育，在新生入学时就开展一系列新生入学教育专题讲座，重视学生的思想道德建设。此外，有完善的人才培养制度，比如，鼓励学生参与各项学生团体及工作团体，组织举办各类丰富多彩的公益活动、学科竞赛活动、文体活动等，丰富学生的课余生活，提升学生的综合素养，重视学生的全面发展。

2. **小马同学对自身要求较高，在进入大学时目标明确，能够对自己的大学生活进行合理规划，不断培养和提升自己各方面的能力**。小马同学进入大学后在认真学习的同时，积极承担学生工作以锻炼自己，并且参加各类社会实践活动，丰富自身经验和专业知识，提高专业技能和自身修养。担任学生干部时组织了多项活动，增强班级凝聚力，通过学生工作的锻炼使自己不断成长。

3. **小马同学工作认真负责，有极强的责任心，能够做好上传下达的工作，擅长沟通与工作安排**。一方面，小马踏实肯干，头脑灵活，能够高效准确地完成辅导员和老师安排的各项任务和工作；另一方面，她群众基础好，与同学相处和睦，为人友善，能够在学习生活中帮助同学，促进班级团结与共同进步，构建和谐班集体。

三、学生工作方法总结

基于对以上案例分析，在学生教育管理工作中，需要从学校和学院层面为学生搭建良好的平台，提升学生综合素养。

1. **重视思政课程，进行教育渗透**。对大学生进行马克思主义、毛泽东思想、邓小平理论和习近平新时代中国特色社会主义思想的教学，是高校思想政治工作的重要内容。要经常深入学生中征求意见，了解学生的思想动态，参与学生的第二课堂活动，以丰富教学内容、完善教学环节、改进教学方法，提高高校思政理论课的针对性和时效性，加强与学生沟通，全方位、多角度地了解学生，努力使每位学生成人成才。

2. **坚持以人为本，从学生实际出发**。大学阶段是人的世界观、人生观和价值观的形成时期。随着我国经济快速发展，人的价值观念也呈现多样化趋势，大学生思想具有不稳定性、多样化、多变性特点。因此，高校学生管理工作应当遵循素质教育的宗旨，坚持贯彻以人为本的教育理念。要尊重学生，对学生进行积极的引导，要因材施教，针对不同的学生采取不同的教育管理模式。

3. **发挥学生的主观能动性，实现学生的自我管理**。要做好、做细学生管理工作，必须充分调动学生参与管理的积极性，让广大学生积极投入学生管理工作中。高校辅导员要改变管理模式，改变由原先的辅导员为主体的管理方式为“以学生自治为主，在学生处指导下的辅导员、班主任为辅的学生管理方式”。

案例三十二 特色党建激发党支部活力

一、党建工作取得的成绩

某高校为夯实学生党支部工作基础，推进学生党支部建设，增强学生党支部的政治功能和服务功能，发挥学生党员在思想引领、学风建设、教育管理、班团活动、服务群众等工作中的先锋模范作用，面向学生党支部实施“五个一”项目建设，具体内容包括开展一系列党员亮身份活动、开展一系列新思想宣讲活动、开展一系列“党建带团建”活动、开展一次办实事活动、开展一次主题党日活动。在全校“五个一”项目建设背景下，学院党支部形成了理论学习常态化、支部活动特色化的工作格局，打造了学院特色项目，获得多家媒体报道；党支部学生党员屡获国家及学校奖学金、三好学生、优秀干部等荣誉称号；支部特色化建设推动支部品牌效应持续彰显。如何在推进党建工作中既做到夯实基础又做到凸显特色，值得辅导员深思。

二、案例带来的启示

这是通过“五个一”项目建设夯实党建基础工作、激发党支部活力的典型案例。如何推动学院党支部全面进步，提升学生党员素质是关键。

“五个一”项目建设是党支部标准化、规范化建设的重要内容，旨在通过常态化的党建活动，推动党支部全面进步，提升党员素质，增强党组织凝聚力和战斗力，优化工作流程，等等。该学院具体做法包含以下几点。

1. 开展一系列亮身份活动。以党支部为单位，组织学生党员开展一系列“亮身份，做表率”活动。支部教育引导学生党员，敢于亮身份、主动亮身份、常态亮身份，全体党员在宿舍将所属党员信息进行公示，确保全体党员行为活动自觉接受同学们的监督，做好榜样示范作用。通过开展党员“亮身份，做表率”活动，支部成员能时刻铭记党员身份、履行党员义务、带头为同学们服务，真正做到了“想群众之所想，急群众之所急，帮群众之所需，解群众之所难”。

2. **开展习近平新时代中国特色社会主义思想宣讲活动**。以党支部为单位，积极引导学生党员“走在前、做表率”，组织学生党员学深悟透习近平新时代中国特色社会主义思想，遴选优秀学生党员组成若干宣讲小组，进学生组织、进学生社团、进班级、进教室、进宿舍进行宣讲；学院定期召开党史教育专题学习会议，通过学习习近平总书记《论中国共产党历史》和《中国共产党简史》等书籍，进一步强化学生思想自觉、政治自觉和行动自觉，做到学党史、悟思想、办实事、开新局，担负起党员光荣使命；开展以“牢记党员身份不能忘”为主题的爱党系列讲座，增强学生对党的形象的维护，不断提高自身综合素质，进一步坚定理想信念，力争成为新时代党员的标杆。

3. **开展一系列“党建带团建”活动**。以学生党支部为单位，结对联系一个新生团支部，并由学生党支部向每个团支部指派 1 ～ 2 名党员协助辅导员指导团支书开展工作，强化“党建带团建”思想建设、组织建设、队伍建设，加强对新生群体的思想政治引领，引导新生团员积极向党组织靠拢。通过结对新生班级落实支部联系班级和学生组织制度，帮助同学们更好地度过大学生活，圆满完成学业，体现了“一切为了学生”的教育理念。密切联系学生，切实关心青年学生的健康成长，使学院的班级和学生组织管理构成体系，形成特色，充满活力。

4. **开展一次办实事活动**。以学生党支部为单位，围绕思想引领、文化涵育、素质拓展、创新创业、心理健康和学生党建等方面，组织开展办实事活动，及时掌握学生思想动态，了解学生成长需求，摸清工作问题短板，力所能及地解决身边学生的困难，并向学院和学校相关部门提供改进和完善建议，为不断满足大学生对美好大学学习生活的需求提供帮助。

5. **开展一次主题党日活动**。组织学生党员在高校各学院开展特色微党课活动，学生党员将党史学习与宣讲融入红色音乐的讲解，内容涵盖党史、党章党规、社会主义核心价值观等。党日活动有效提高了党员的理论素养，以新颖的形式营造出良好的红色氛围，带动高校各学院一起感受党的红色精神。

三、学生工作方法总结

持续深化“五个一”项目建设可以进一步推动支部工作纵深发展。通过推行“五个一”项目建设，进一步强化服务意识，创新服务思路，改进服务措施，提升服务效果，提高了学院党组织的建设水平，在提升党员素质、增强支部活力、夯实党建基础、凸显支部活力方面具有显著成效。

1. **要强化支部党员思想政治教育**。思想是行动的先导，只有加强思想政治教育，深刻领悟“两个确立”的意义，增强“四个意识”、坚定“四个自信”、做到“两个维护”，才能在政治理论学习中不断进步，为支部的建设与发展奠定坚实基础。

2. **要增强支部品牌实效**。结合学院特色，打造具有独特魅力的党建品牌。整合校内和校外、线上和线下各方资源，挖掘学生专业学习过程中所蕴含的思政元素，一体化举办目标明确、成效显著、喜闻乐见的主题党日活动。创新党员教育和培训形式，开展形式多样的实践活动，如志愿服务、社会实践等，让党员在实践中学习和成长。

3. **要建立健全党员管理制度**。要有效组织党员教育管理，推动支部党建工作规范有序，使党员教育管理更加具体化、实践化。建立健全党员管理制度，完善党员发展、教育、管理和服务机制。例如，通过亮出党员身份、落实党员责任，组织学生党员以宿舍为单位与有学业、经济、心理等方面困难的同学进行“一对一”或“一对多”结对帮扶，为其提供学业辅导、心理疏导、就业帮扶、生活关心等方面的帮助等。

案例三十三 拒绝“躺平” 争做新时代好青年

一、学生取得的成绩

小顾同学在班级中担任学习委员一职，成绩一直名列前茅，多次荣获奖学金。她做事认真负责，具有较强的责任心，能够高效完成老师布置的任务，积极主动地帮助班级同学解决实际问题。在完成学习委员本职工作的基础上，小顾同学还积极投身于院级学生会的工作，从一名普通干事做起，凭借努力最终成功被推选为学院学生会执行主席。她以认真刻苦的态度和卓越的综合能力，协助辅导员顺利开展学生会的各项工作与活动。由于小顾同学的出色表现，她荣获了省优秀学生干部的荣誉称号。如何引导学生做新时代不“躺平”的奋进者，这是值得思考和探究的问题。

二、从案例中获得的启示

小顾同学之所以能够从班级学习委员成长为学院学生会执行主席，是因为她拥有较好的群众基础、较强的责任心、较强的沟通处事能力。

1. 良好的群众基础是小顾同学能够成为班级学习委员和学院学生会执行主席的重要因素。辅导员负责全院学生的日常教育管理工作，不仅关注小顾同学，还需要关注其他学生的情况。作为班级学习委员，小顾同学体现出较好的组织管理能力，能够有序组织全班学生参与学习活动。班级同学认可她，其他班委和班级同学也与她关系融洽，充分说明她的群众基础好。这一点为辅导员开展各项工作奠定了坚实基础。

2. 小顾同学把任课教师、辅导员交代的任务放在心上，并且能够积极主

动地完成。在这一过程中，小顾同学遇到问题总是积极想办法解决问题，毫无怨言，从不找借口推诿扯皮，具有高度的责任心。

3. 小顾同学能够将任课老师、辅导员布置的工作准确传达给班级每位同学，能够将各位同学反馈的问题汇报给任课老师、辅导员，能够与师生融洽相处。小顾同学能够恰当处理好服务班级同学、课程教学任务、辅导员交代的工作之间的关系，在繁忙的事务中将这些事情处理得井井有条，充分显示出较强的沟通处事与合理分配时间、协调工作的能力。

三、学生工作方法总结

基于小顾同学的案例，作为学生干部，在工作中要遵循“因材施教”的原则，充分发挥不同学生的特征优势，为学生提供学习锻炼的机会。这主要体现在以下几方面。

1. 学院为学生提供学习锻炼的机会，培养学生的责任感和使命感。责任感和使命感是优秀的品质，学院为学生提供合适的锻炼岗位，能够有效培养学生提高服务意识、增强责任意识，为学生在未来发展中提供更多的可能性。

2. 学生在岗位上尽职尽责，充分发挥和挖掘自身的才华。就像小顾同学那样，在较好完成学业的同时，主动协助任课教师、辅导员完成力所能及的工作，提升自己的工作能力，最终成为一名优秀的学生干部。

3. 开设与沟通力和执行力相关的课程，在培养学生干部的过程中，通过多种形式的培训班、训练营提高学生的沟通执行能力。较强的执行力和沟通能力是未来职场不可或缺的能力。因此，学院开设与沟通力和执行力相关的培训班，有效提高学生的沟通力和执行力，是提高学生素质的重要途径。

案例三十四 调动新生积极性 增强班级凝聚力

一、学生遇到的问题

本学期伊始，某高校迎来了新一届大学生。与往年不同的是，这一届新生班级面临着特殊的情况。由于疫情的影响，新生们的入学时间被迫推迟，错过了既往必有的军训环节。军训作为新生入学教育的重要组成部分，对于增强学生的团结协作精神和纪律性具有举足轻重的作用。然而，疫情的冲击使得军训无法如期进行，导致新生缺乏团结精神和纪律性，出现了班级凝聚力不强、学生的主动性和积极性普遍较低、班级秩序松散等问题。在军训环节的缺失下，班主任和辅导员如何调动新生在学习和生活方面的积极性，增强班级凝聚力呢?

二、辅导员的处理

该班班主任与辅导员了解此情况后，立马开展一系列班会、思想理论学习活动，并组织大家利用周末时间参加校园活动及社会活动，以此扭转班级松散状态。

辅导员和班主任通过以下几个方面的努力，从“心”开始塑造班级魂。

1. **开展班级团建活动，增强凝聚力**。组织一系列班级团建活动，如户外拓展、团队竞赛等，让学生在活动中增进了解，培养团队合作精神，增强班级凝聚力。

2. **明确班级目标和个人规划**。组织召开班会，引导学生讨论并明确班级目标，同时鼓励每个学生制订个人的学习和发展规划，激发他们的主动性和积极性。

3. **加强课堂纪律，规范学生行为**。与任课老师密切沟通，共同制定课堂纪律，并严格执行。对于迟到、旷课等违纪行为，及时进行处理和教育，引导学生养成良好的学习习惯。

4. **建立班级管理制度，落实责任到人**。制定班级管理制度，明确班主任、辅导员、班委等人员的职责和权利，确保班级管理工作的有序开展。同时，落实责任到人，确保每项工作都有人负责，有人监督。

5. **加强对学生的思想政治教育和心理疏导**。通过班会、座谈会等形式，引导学生们树立正确的价值观和人生观，激发他们的学习热情和积极性。同时，积极关注学生的心理健康，及时发现并解决他们的心理问题，帮助他们调整心态、增强自信。

三、学生工作方法总结

经过一系列措施的实施，新生班级的凝聚力和纪律性得到了显著提升。学生们在各项活动中增进了友谊，明确了班级目标和个人规划，课堂纪律也得到了有效改善。任课老师反映课堂秩序明显好转，教学质量得到了提高。

1. **创新工作方法，提升班级凝聚力**。从此案例中可以发现新生班级凝聚力与纪律性会影响整个班级班风与学风，一个有凝聚力的班集体会促进班级学生树立明确目标。班主任和辅导员应不断创新工作方法，加强与学生的沟通和交流，选择学生容易接纳的方式引导他们树立正确的价值观和人生观。

2. **加强与任课老师合作，共同营造良好的学习和生活环境**。辅导员老师需要与任课老师合作，营造良好的学习和生活环境。并继续关注新生班级的发展状况，及时发现并解决问题，不断完善工作机制，采取切实有效的措施，为培养更多优秀的人才贡献力量。

第五章 心理健康教育与咨询篇

本篇涵盖了新生入学后会面临的适应问题、学业问题、人际交往问题、情感问题、就业压力问题，以及原生家庭问题等，通过案例分析，了解大学生的心理特点，探讨辅导员如何通过有效措施和方法，帮助学生调节克服心理困扰，帮助学生渡过心理危机，促进大学生心理健康。

案例三十五 治愈心灵 呵护成长

一、学生遇到的问题

小白同学在大三期间自觉精神异常，遂前往三甲医院就诊，被诊断为重度抑郁。辅导员老师得知这一情况后第一时间上报了学院，学院首先联系了小白的家长，劝说其家长在十一放假期间将学生带回家乡进一步诊治。小白在假期期间再次确诊，并因抑郁症引发注意力不集中，发生车祸导致骨折。鉴于精神科医生建议其返校参加正常学校生活会更利于抑郁症的缓解，该同学在家休养一个月后由其母亲陪同返校。学院考虑到学生实际情况，为他调换了宿舍，从原本的四楼搬到了一楼，并为其母亲租住合适房屋供其陪读。寒假过后，在药物辅助治疗下，小白同学病情稳定，独自返校。面对罹患心理疾病的学生，应当如何呵护他们的成长？

二、辅导员的处理

作为一名辅导员，需要时刻关注患病学生的身心健康。关心学生假期是否离校，是否按时返校，在校期间有无反常情况发生；关注学生课程学习情况，学习是否跟得上，是否有挂科重修的现象，如果有则跟专业老师联系帮助辅导；给患病学生提供必要的经济支持，帮助学生解决陪读期间住宿问题及报销生病时住院费用；与学生经常保持沟通，安排室友关注患病同学的相关动向，包括平时表现及微信、QQ 动态；关注患病学生心理问题，帮助其预约心理咨询老师；关注学生身体情况状况，如吃药情况、睡眠质量等；与学生家长保持密切联系，随时保持信息的畅通。

面对患有抑郁症的同学，辅导员要注意做好以下几点工作。

1. **抑郁症诊断**。抑郁症是一种常见的心理健康疾病，表现为心情持续沮丧、对什么都失去兴趣、自我否定等情绪和行为特征。小白自觉精神异常并接受抑郁症诊断，表明他可能经历了长期的负面情绪和心理压力。

2. **支持与干预**。朋辈关怀、老师关心、家人陪伴和学校支持是治疗的关键。同学、老师及时发现问题，并向家长通报情况，有助于小白得到及时的治疗。家长在此过程中的配合极为重要，他们的支持和陪伴对小白的康复有积极的影响。

3. **环境调整**。由于精神科医生建议返校可以促进康复，学院决定为小白提供一个良好的学习和生活环境，包括调换宿舍、为其母提供合适的住宿条件跟随陪读等都是为了帮助他更好地适应学校生活。

4. **药物治疗**。药物治疗是抑郁症的常见治疗方式，小白依靠药物治疗维持病情稳定，定期前往医院复诊，以确保治疗效果。

5. **家庭支持**。尽管后期父母由于工作原因无法长期陪读，但他们在整个治疗过程中的支持和配合十分重要，家庭依然是学生最温暖的避风港，家人永远是最坚强的后盾。

三、学生工作方法总结

该案例显示了早期干预、学校支持、治疗环境、家庭支持和药物治疗在抑郁症康复中的重要性。通过多方面的支持和合作，小白得以在学业和生活中得到帮助，逐渐稳定病情并适应正常的学校生活。这也提醒我们在面对类似情况时，需要认识并做到以下几点。

1. **早期发现和干预的重要性**。小白在自觉精神异常后及时就医，接受了抑郁症的诊断，这表明早期发现问题并及时寻求帮助是非常重要的，可以防止病情恶化。

2. **学校支持对康复的重要性**。小白得到了来自同学、班主任、学校的支持，学校支持是患病学生康复中不可或缺的一环，能够帮助患者感受到关爱和理解。

3. **治疗环境的影响**。学院为小白提供了有利于康复的治疗环境，包括调换宿舍、为其母提供合适的住宿条件以供陪读等，良好的治疗环境可以促进患者的顺利康复。

4. **家庭支持与治疗合作**。父母对于小白同学的病情充分理解，在生活和学习中持续给予他宽慰与支持。他们积极配合医生的建议，通过陪伴和关怀努力缓解小白的不适，按时监督小白服药，帮助小白同学尽快康复。

案例三十六 倾听心灵声音 关注心理健康

一、学生遇到的问题

小夏同学是一名大二学生，某天在室友都离开宿舍后，给男友发了一条信息："对不起，我可能不能再陪你一起走下去了。"男友看到信息后，立刻赶到女生宿舍楼下，途中偶遇同班女生，便一同前往小夏的宿舍了解情况。他们向宿管阿姨说明了原委，拿到了备份钥匙。进入宿舍后，他们震惊地发现小夏正用刀片做出自残行为，小夏男友迅速上前制止，所幸并未造成实质性的伤害。

当天，小夏男朋友和她一名室友向院团委反映事情经过，经了解她确实有过自杀的想法。小夏初中时父母因感情问题离异，此后她一直跟母亲生活。母亲做生意，因而家庭经济条件相对优越。然而，高中时期，小夏母亲不幸离世，这对小夏的打击极大，同时也让她的经济状况出现了问题。在这些事情的多重打击下，小夏开始产生了轻生的想法。如何安抚小夏从打击中走出，重悟生命美好，是本案例的关键。

二、辅导员的处理

辅导员梳理出本案例产生原因有如下几个方面。

1. **长期缺乏家庭关怀**。家庭发生重大变故对小夏造成极大伤害，在其成长过程中，父爱一直处于缺失状态，家庭氛围不和谐，给小夏从小留下心理阴霾。父母未离婚前，感情不和，沟通较少，经常为琐事争吵，很大程度上造成了小夏敏感、封闭、不喜与人交流的性格。

2. **经济压力大**。父母离婚以及母亲去世等家庭变故导致亲情关系、经济情况发生重大变化，小夏在适应过程中缺乏指导，产生强烈的孤独感，骨子里要强的性格导致了偏激的想法，内心的真实想法长期被压抑在心底。

3. **生活压力大**。家庭的变故导致身心受到巨大创伤，母亲的离世让小夏再也感受不到亲人的关怀，要强的性格使她产生较深的自卑感，生活的压力导致她缺乏对未来的期许。

4. **封闭自我**。除与男朋友沟通较多外，对外界的人或事极为敏感，封闭自我，害怕别人投以异样的目光，对他人缺乏信任感，内心深感纠结，但又无法自我排解。

针对以上这些问题，辅导员首先与小夏男朋友及室友、同学、班主任等保持密切联系，多方了解她的情况，并进行一定的经济补助，在生活学习上进行关心。其次发动班主任、男朋友、室友等多与她交流，不断鼓励她，让她感受到外界对她的关心爱护。用相对柔和、易于接受的话语鼓励她树立新的生活目标，努力完成学业，重新树立起对未来的希望。再次，保持密切的家校联合，学院老师与其父亲保持沟通，确保信息畅通，及时交流意见、想法。最后，持续了解学生后续情况，帮助其预约心理咨询师，定期与心理咨询师沟通学生近况，做到有问题及时发现，早干预早治疗，让学生将不安的、负面的情绪及时排解，逐渐提高学生的抗压能力，增强生命韧性。

三、学生工作方法总结

通过小夏同学的案例，可以总结以下几点工作经验：

1. **童年经历对心理健康有着很深的影响**。小夏同学在童年经历了父母离异，家庭矛盾及母亲去世等重大变故，这些经历对其心理健康产生了深远的影响。童年时期的不幸经历往往会影响成年后的心理状态，需要得到专业心理治疗。

2. **家庭和谐关系对心理健康的重要性**。小夏童年时父母关系不和谐，母亲离世后与父亲关系也没有得到缓解，一直缺乏稳定的家庭支持和亲密的家庭关系。这些直接导致了她心理健康出现问题。良好的家庭支持和亲密的亲子关系对一个人的心理健康至关重要。

3. **经济压力对心理健康的影响**。小夏同学家庭的经济困难导致她在经济上承受着较大的压力，这种经济压力也直接影响到她的身体健康和心理状态。经济上的困难会导致焦虑、压力和心理负担，这些需要得到老师和同学们的关注和支持。

4. **心理危机的警示和处理**。小夏同学出现了明显的自杀倾向，这需要引起学校重视并提供及时的心理支持和干预。在面对心理危机时，重要的是要及时寻求学校心理健康中心专业教师的帮助，寻找专业的心理辅导和治疗。

5. **心理健康教育和宣传的重要性**。面对类似情况，学校和社会应加强心理健康教育和宣传，提高对心理健康问题的认知和关注度，帮助更多的人认识到心理健康问题的重要性。

此案例反映了家庭成长环境、经济状况、社会支持和心理健康之间的密切关系。从心理学的视角，可以更好地理解小夏同学所面临的困境，并给予针对性的支持和帮助，提高她的心理调适能力。提升学生心理韧性和抗挫折能力需要多方面的支持和帮助，包括家庭、学校、朋辈力量、社会专业机构的配合，同心协力，共同维护学生的健康成长。

案例三十七 筑牢新生心理健康的第一道防线

一、学生遇到的问题

小付是一名大一新生，入学不久后的某个晚上，辅导员突然接到宿舍管理员的电话，告知小付一直在宿舍区拔门上的小国旗，举止疯狂，神志不清。辅导员闻讯后，立刻赶赴现场，同小付交流过程中发现他精神错乱，甚至已经失去常识，“胡言乱语”现象明显，连自己的性别也分辨不清。鉴于小付的状况，辅导员立即联系了她的家长。家长得知情况后，迅速赶到学校。令人惊讶的是，当小付看到她的母亲时，竟然喊出了同学的名字。随后，小付被母亲带回家中，进行了为期两个多月的治疗。经过了解，原来小付的父亲在对她进行爱国主义教育的同时，也不断地向她灌输有关“鬼神”的迷信思想。

这一事件引起辅导员深思，当学生存在心理困扰时，如何筑牢心理防控的第一道防线？

二、辅导员的处理

首先，辅导员根据小付的案例分析了具体存在的问题。

1. **积极与消极心理暗示并存**。心理暗示渗透在日常生活的方方面面，而凡事都有两面性，积极因素与消极因素都包含在其中。心理暗示是人或环境以非自然的方式向个体发出信息，个体无意接受、吸纳这种信息，从而做出相应的行为反应的一种心理现象。根据施加主体的不同，心理暗示可分为自我心理暗示和他人心理暗示。

案例中的小付同学受到父亲影响，一直接受爱国主义教育，在这种氛围的影响下，怀揣爱国热忱，这是一种正向、积极的心理暗示。然而，在接受爱国主义教育的同时，小付也接受了父亲的“鬼神”思想灌输，受其影响，导致其心理健康出现问题，做出对自己性别已无从分辨、将其他人看成间谍等诸多行为。此类现象表现出个体对自身以及他人的认识发生错位。由此看出，所处的环境、接触到的人、交流沟通中的语言都会形成心理暗示，皆会对大学生的心理产生影响。

2. **心理暗示在特定情况下的爆发与冲突**。当内心压抑以及积累的消极情绪与心理暗示到达一定程度时，必然会引发反常的心理及行为，造成危险后果。大学生群体中，尤其是新生群体，他们已经具有独立的性格，正处在三观的重要养成阶段。在科学的认知下，“鬼神”这种迷信思想对他们的人生观与价值观会产生影响，甚至会出现偏执的心理，不利于学生的身心健康发展。

小付一系列异常行为带来很多思考，如她在平日和同学、家长、老师是否缺乏交流沟通，她是否通过该行为来缓解焦虑情绪等。然而，新生群体中往往有少部分同学不能准确描述自己的情绪和感受，而是通过行为或躯体症状表达出来，这可能会掩盖抑郁症状，导致误诊和漏诊的发生，延误疾病的治疗。万幸的是，宿舍管理员及时发现了这种非正常行为并联系了辅导员进行处理。

在得知小付的情况后，辅导员首先对小付的各种异常举动进行了了解，第一时间与小付家长取得联系，小付在见到妈妈后情况并没有得到好转。经过家长、辅导员和室友的多方沟通后，小付的情绪终于逐渐缓解。小付家长提出申请休假两个月，辅导员和班主任也帮助其完成请假手续。在治疗期间，辅导员和班主任都密切关注小付的情况，并向学院申请经济援助帮助小付渡过难关；在学习上，班级学习委员主动提出帮助小付辅导课后功课；在心理上，学院为小付提供了专门的心理咨询师为其进行心理疏导。经过两个月的治疗，小付终于重新回到学校学习，家长也前来学校进行陪读，老师和同学们的关爱让小付的身体和心理都得到了极大的安慰，其学业与生活逐渐走上正轨。

三、学生工作方法总结

大学生阶段是学生人格养成的关键时期，多年来从事心理工作的辅导员发现，目前大学生进校“带病”的情况增多，这是需要多加重视的，分析原因有以下几个方面。

1. **大学生心理承受能力偏弱**。社会快速发展，物质生活条件改善，多数学生从小被祖父母、父母多重呵护，从小缺乏艰苦朴素的生活体验，心理承受能力偏弱，吃苦耐劳精神缺乏，一遇到挫折容易导致心理问题。

2. **家庭父母期望值较高**。父母将望子成龙、望女成凤的心态强加于子女身上，导致学生从小背负巨大压力，到某个临界点崩塌，容易产生一系列失常行为和心理问题。

3. **家庭环境的影响**。由于社会经济发展，人们物质生活逐渐富足，一些家庭会出现精神生活跟不上物质生活的状况，父母离婚率增加，导致学生从小缺乏父爱或母爱，从小心理敏感，从而引发心理异常波动。

4. **学业压力过大**。初中升高中，高中考大学的压力，使少部分同学无法承受而导致心理问题。

这是导致学生“带病”进入大学的原因所在，因此加强新生心理摸排工作显得尤为重要。应当做到全面精准的摸排，加强心理健康工作，借助新生心理普测的 APP，对新生进行心理测试；同时建立“校—院—班级—宿舍”的四级工作平台，借助平台的力量做到精准摸排学生心理状况。

同时，作为一名心理辅导员，要做到以下三点。首先，需要加强自身心理建设，内心强大才能更好地服务学生；其次，增加心理方面的专业理论知识学习并通过参加相关方面的培训，提高工作专业度，做到工作有条理有方法；最后，要有耐心、爱心、责任心，保持足够的亲和力，既做学生成人成才的人生导师，也做学生健康成长的知心朋友，助力学生顺利完成大学生活。

案例三十八 走出心灵困境 展望未来蓝图

一、学生遇到的问题

大二开学期间，小陈同学的前男友打电话给学院辅导员，称她可能处于危急状态，有自残、自杀的倾向。辅导员立即确认了小陈的行踪，她正在课堂上课。课后，辅导员与小陈进行了深入的谈话，试图了解她的真实情况。然而，在谈话过程中，辅导员并未发现小陈有任何异常表现，她说话条理清晰，逻辑严密，具有很强的掩饰性。

经过进一步了解，辅导员得知小陈的前男友经常收到她发来的过激信息，以求再次引起前男友的关心。当小陈前男友将她的微信和 QQ 拉黑，不再接听她的电话和接收任何信息后，小陈深受刺激，做出了极端行为：趁室友熟睡后偷偷跑到校外，打算跳河轻生，好在小陈最后一丝理智挽救了她。

如何加强对学生心理健康的教育和引导，增强他们的心理承受能力，是辅导员值得思考的问题。

二、辅导员的处理

辅导员老师在得知消息后立即着手处理，从多方面分析了小陈做出极端行为的原因。

1. **小陈对前男友有所依恋，分手后缺乏安全感**。小陈个性偏执，不愿分手，前男友明确表示断绝关系，导致小陈产生了巨大的心理落差和失落感。

2. **小陈平时学业、生活压力大**。多门功课需重修，导致情绪波动大，容易陷入极端化。

3. **小陈性格孤僻偏执，情绪不稳定**。小陈性格孤僻偏执，致使她对身边的人与事物都相当敏感且缺少信任，善于掩饰，敏感多疑，日积月累，导致个人情感、学习压力超过自身承载负荷。

4. **小陈具有消极的心理暗示**。小陈曾经在网上自检出“抑郁倾向”而认为自己已患抑郁症，并长期以此对自己进行消极心理暗示。消极的心理暗示严重影响了她的大学生活。因此如何引导小陈正确认识“抑郁症”与“抑郁倾向”的区别，如何通过正规渠道进行心理类疾病的筛查确诊，如何引导其走出消极心理暗示显得尤为重要。

总的来说，小陈存在的心理问题，是由于她不断消极心理暗示造成性格及心态上的不良状态，具体表现为敏感、孤僻、失眠、情绪波动大等特点。心理辅导员应当高度重视学生的日常行为，建立学校、院系、班级、宿舍四级联动模式，针对学生的心理问题，第一时间了解，关心呵护，多做沟通，及时进行引导和教育。

1. **学会倾听，换位思考**。小陈存在的问题是由于不断消极的心理暗示导致情绪激动、心理异常、敏感脆弱，放大身边的人和事，性格偏执。在这个过程中，心理辅导员应耐心倾听她的倾诉，并及时给予回应，不断给予积极鼓励，让她逐渐放下心理戒备，卸下伪装，选择信任，打开心门，说出烦恼与困难，从而引导她学会释放压力，进而缓解极端情绪，平复心情，调整生活、学习状态。

2. **家校联动，及时沟通**。家庭教育对学生的心理健康极为重要，有学校不可替代的作用。帮助存在心理问题的学生一定要借助家庭的力量。此事件发生后，通过沟通发现，虽然小陈家庭关系和睦，但家长对于学生出现的心理问题抱着消极处理的态度，以及无力管教的心理。应建议家长从各个方面关心学生的日常生活，加强情感交流，给予更多的鼓励与肯定，及时与班主任老师建立沟通联系，了解学生在校状况，家校联动，共同助力学生健康成长。

3. **积极引导，促进身心健康**。自从认为“抑郁倾向”就是抑郁症后，小陈便对生活有了消极情绪，变得敏感多疑，似乎为自己行为的“不合理”找到了正当的理由。对此，辅导员应主动加强与学生的沟通交流，耐心、细致帮助其分析大学每个阶段可能遇到的问题及解决办法；否认抑郁是造成她现在情形的原因，并多赞美她、鼓励她，在交谈的过程中列举生命诚可贵相关事例，鼓励她多参加集体活动，用乐观积极的心态，拥抱生活。

三、学生工作方法总结

1. **对学生的心理状况保持高度敏感**。小陈的事情警示我们，辅导员要做到对一些异常情况保持高度的敏感性，及时发现苗头，将问题扼杀在摇篮中。在小陈前男友给辅导员打电话提出小陈有危急情况时，辅导员第一时间找到小陈了解情况，随后又及时联系班委和宿舍长详细了解小陈在校基本情况以及基本家庭状况，并和学院心理辅导员联系，进一步研究决定处置方案。

2. **积极加强与学生家长的沟通联系**。除了学校方面的努力，家庭在促进学生身心健康发展过程中发挥的作用是极其重要且不可替代的。因此，辅导员必须积极加强与家长的沟通联系，让家长更加了解孩子的情感状态和成长需求，家校联动，为孩子的健康成长保驾护航。

案例三十九 沟通化解心结 理解给予自信

一、学生遇到的问题

小胡大一时积极参与课外活动，展现出卓越的专业能力，成绩稳居班级中上游。然而，进入大二后，随着钢琴课程难度增加，由于手指较短等生理原因，小胡在弹奏钢琴时存在先天不足。尽管他比其他同学付出了更多的时间和精力，但仍难以赶上那些天赋较好的同学。因此，每当练习钢琴时，小胡总是焦躁不安，无论是课堂练习还是课后复习，他都难以集中精力，为此非常焦虑，日常表现也很消极。面对这种困境，小胡向辅导员提出了请假一周回家休养，经过与家长沟通，辅导员老师同意了他的申请。在小胡回家期间，辅导员与小胡的家长保持密切联系，时刻关注着他的动态。

然而，经过一段时间调整后，小胡在钢琴课上及期末考试中依然表现不佳，未能通过考试。这使他越发焦虑，甚至在开学后的补考中，由于过度紧张而出现了冒冷汗、发抖等生理反应。小胡应该怎么办?

二、辅导员的处理

1. 充分聆听，帮助小胡重拾自信心。小胡最大的困扰来自钢琴学习，由于手指比较短的原因，弹钢琴具有先天的生理弱势。辅导员通过沟通了解到小胡自从高二开始接触钢琴后，就对钢琴有比较抵触的情绪，多年积攒下来，情绪比较压抑，上钢琴课成为情绪不稳定的主要原因。他感到无论多么刻苦练习，都难以取得显著的进步，每次练琴时都会有这样消极的心理暗示，将自己以往的成绩、荣誉全盘否定。久而久之，就出现了焦虑、考试恐惧等心理问题。

在充分了解了小胡的情况后，辅导员为了帮助小胡重拾自信心，告诉他在艺术领域，真正有天赋的学生很少，大多数都是靠后天努力。并引用感动中国十大人物残疾钢琴家刘伟的故事，他 10 岁失去双臂，凭借用脚弹钢琴的绝技一举拿下《中国达人秀》第一季总冠军。而小胡只是手指略短，经过后天的刻苦练习是可以改善的，并且辅导员肯定了小胡课上的认真努力与课下的刻苦练习，给予了小胡极大的自信心。经过和辅导员耐心交流，小胡的焦虑情绪和不自信略有好转。

2. **家校联合，促进身心健康**。辅导员在了解到他想回家调整的诉求后，与其母亲进行了沟通，了解小胡同学在家里的学习状态，同意了他回家调整一段时间的请求。小胡回家后，经过了一段时间的状态调整，重返学校后焦虑情绪并未得到缓解，辅导员在尊重其本人意愿的情况下，建议其去学校的心理健康中心治疗。同时，辅导员与钢琴老师进行了几次沟通，了解他上课的状态以及学习情况，并细化钢琴学习计划及分析应对举措，帮助小胡缓解其现实压力。

3. **制订学习计划，缓解学习压力**。根据钢琴老师为小胡同学制订的学习计划，以及定期的心理辅导，小胡的状态逐渐好转。辅导员和家长也与其保持密切沟通，通过家校共育，小胡的状态逐渐好转，在学期末，顺利通过了钢琴专业课程的考试，自信心也得到了极大的提升。辅导员在与他的后续沟通中，也明显感觉到小胡的精神更放松，状态更积极。

三、学生工作方法总结

该案例主要是由于自身的先天条件不优越所导致的焦虑、不自信，这在大学生中是比较常见的案例，只有极少数的学生可以通过自身强大的心理优势做到不自卑、不自弃。而更多的学生会像小胡一样对自己产生消极的心理暗示，觉得自己什么都不如别人，长此以往就会越来越自卑，甚至不敢站在舞台上展示自己的专业。辅导员需要在以下几方面做出努力。

1. **给予实质帮助，解决实际问题**。在得知小胡因为自己的生理原因而焦虑不安时，辅导员及时与小胡专业课老师沟通情况，针对小胡的特殊情况进行专门训练和及时调整以期改善小胡的状况。在小胡请假过后回到学校，发现小胡的情况并没有得到好转，甚至出现了考试恐惧的情况，辅导员迅速找到了心理咨询师进行一对一约谈。在小胡的精神状态逐渐好转之后，学院积极为他提供了展现自我的平台，提升小胡的实际能力。

2. **多一份鼓励，多一分力量**。在小胡自暴自弃时，辅导员不厌其烦地耐心疏导，始终给予小胡正面的、积极的鼓励，使其在钢琴学习上重拾自信。小胡家长也非常配合辅导员和任课老师，每当小胡情绪低落时，都给予其积极、正向的引导，支持自己的孩子渡过难关。经过小胡家长、辅导员、任课老师以及同班同学和室友的关爱，小胡终于走出困境，在专业课学习上重拾信心。

辅导员要始终真心对待学生，在学生遇到问题时，辅导员是学生第一信任的人，辅导员要用爱心去理解、包容他们，用真诚去温暖、感化他们，用真心去帮助学生应对生活中的挑战和压力，实现个人成长和发展。

案例四十 独生子女如何适应大学新生活

一、学生遇到的问题

小文是独生女，上大学前一直过着被父母悉心照料的生活，饮食起居全由父母包办，生活独立性和适应性较弱。当她踏入大学，开始独自一人在异地求学时，新生入学适应性问题便凸显出来。她不习惯宿舍的集体生活，个人生活及自理能力较差，常常将衣物鞋袜堆积在宿舍，直到周末才带回家中，宿舍同学对此很有意见，而小文由于性格内向，不善于与宿舍同学沟通，导致与宿舍同学的关系不融洽。经过一个学期的集体宿舍生活，她仍未能适应，其母亲与辅导员和班主任沟通时，反馈孩子因为不适应集体生活，而出现了严重的焦虑和失眠症状。

学校心理健康中心与小文的父母经过协商，决定每周末由其母亲带她回家接受心理咨询治疗。经过约半年的治疗，她的情绪逐渐稳定，但由于心理问题导致的学业困难情况仍然令人担忧。她经常旷课，挂科情况比较严重，尽管家校多方努力，学业状况并未得到明显改善。同时，她的个人卫生状况也没有太大改观，舍友意见颇多，同舍友关系依然紧张。应该如何帮助像小文这样生活独立性较差的学生适应大学新生活?

二、辅导员的处理

这是一起典型的新生心理问题案例，辅导员老师在得知小文的情况后，立即对她进行了深入分析，并开展了一系列针对性的措施。

小文同学问题出现的原因有以下几点。

1. **生活适应性问题**。小文在大学生活中存在明显的新生入学适应性问题，这可能与其考入大学前过于依赖父母有关，导致她缺乏独立生活的能力，内向的性格也不容易很快融入新的集体中来。她对宿舍集体生活不习惯，对大学学习节奏的转变适应性较差，同时过于依赖家庭的照顾和支持，个人生活无法自理，缺乏独立生活的能力。

2. **心理健康问题**。由于远离父母、入学不适应引发的焦虑、失眠、学业不佳等情况，小文接受了半年多的心理咨询治疗，情绪虽然得到了稳定，失眠状况得到了好转，但是学业依然糟糕。旷课多，挂科多表明她仍然面临着学习压力，仍未能适应大学生的学习、生活节奏，这意味着需要给予她更深入、更持久、更富有个性化的心理支持和干预。

3. **学业困难问题**。小文的学业情况不容乐观，旷课和挂科现象严重，这可能是由于不适应大学生活进而影响到了学业。同时由于个人卫生问题突出，导致与舍友关系紧张，进一步影响她的心理状态和学习生活。这需要通过多方努力改善宿舍关系，建立学业帮扶互助小组，有意识地培养该生独立生活的能力。

辅导员主动与小文进行了面对面沟通，耐心倾听她的感受和困惑。通过交流，辅导员了解到小文在生活习惯、人际交往以及学业方面的具体问题，并对其心理状况进行了初步评估。针对小文生活独立性和适应性较弱的问题，辅导员为她提供了详细的生活指导，包括如何合理安排作息时间、如何保持个人卫生、如何与室友和谐相处等。同时，辅导员还积极联系学校后勤部门，为小文提供了一些生活上的便利和支持。在学业方面，辅导员与小文一起制订了详细的学习计划，帮助她合理安排时间，提高学习效率。此外，辅导员还定期与小文进行学业进展的沟通，及时了解她的学习情况，并提供相应的帮助和指导。与此同时，辅导员还积极协调学校心理健康中心，为小文提供专业的心理咨询和治疗服务。定期与小文的家长进行沟通，反馈小文在校情况，并建议家长在家庭中给予更多的关心和支持。通过这一系列措施，小文的情况得到了明显的改善。

三、学生工作方法总结

现在的大学生多个性强、集体精神淡薄，以自我为中心，由新生适应性引发的问题在高校频发。辅导员在遇到此类情况时，需要充分运用能调用的资源，寻求多方协助，帮助学生逐步克服困难，提升心理健康水平，缩短大学适应期。

1. **完善支持网络**。新生入校后，学校、家庭、心理咨询中心等多方合作，共同建立起一个完善的支持网络，通过新生入学教育，开展一系列的专题讲座，引导学生尽快适应大学新环境、新同学、新节奏，帮助学生逐步提升独立生活能力和自我管理能力，鼓励他们主动解决问题，增强自信。

2. **增强人际沟通交流**。大学生在宿舍的时间占比很大，和谐友好的宿舍环境对大学生活有积极的辅助作用，宿舍同学之间的良好关系，也有助于学生更好地融入校园生活。新生可以通过参加各项活动增强交际能力，迅速融入校园生活。

3. **定期跟进与关怀**。本案例中的问题学生需要长期跟踪关注，密切了解学生的学习、生活状态，加强对学生在校生活的关怀，通过家校合力以及运用朋辈的力量，共同提高学生在校期间的学习、生活各方面能力。

案例四十一 毕业生如何缓解压力

一、学生遇到的问题

小李同学临近毕业时心理压力极大，朋友发现他有自杀倾向，由于联系不上小李，当即报警。警察随后联系学校，好在经过沟通得知小李正在家中，并由家长陪同。清明假期结束后，小李未按时返校，辅导员在与小李沟通时得知他前往外地拜访朋友，暂时不返校并办理了请假手续。毕业前夕，小李与母亲、表姐一同来到学院办理毕业相关事宜。其间，小李的表姐和母亲向辅导员反馈，小李经历了一系列心理方面的检查，结果显示一切正常，只是毕业压力让他备感焦虑。

如何为毕业生创造一个更加宽松、和谐的环境，帮助他们缓解心理压力，顺利度过毕业季?

二、辅导员的处理

辅导员得知事件经过后，立即与小李联系，全面分析了小李的心理状况。经过一系列行为观察与风险评估，辅导员决定让小李在接下来的两个月里住进学生宿舍，准备毕业相关事宜，并重修部分课程。同时，辅导员与家长保持密切联系，家校合力，共同助力小李渡过难关，确保他能够尽快恢复正常的学习生活状态。经多方努力，小李情绪得到稳定，开始积极筹备毕业事宜，现已顺利毕业。

1. 毕业季的压力。小李在临近毕业时表现出自杀倾向，可能来自以下几个方面的压力。

未来不确定性：毕业后的职业规划、就业压力和未来发展方向不明确会给大学生带来焦虑和不安。

学业压力：毕业前需要完成毕业论文、答辩、实习报告等重要任务，学业压力增大，时间紧迫，这会导致焦虑和紧张感。

就业压力：找工作是毕业生面临的一大挑战，竞争激烈、求职过程复杂，担心就业不顺利会增加压力。

家庭期望：家人对毕业生未来的期望可能导致毕业生感到责任重大，也会对毕业生带来一定压力。

经济压力：毕业后开始独立生活，经济压力增加，包括租房、生活费用、还款等问题，这会对毕业生造成负担。

离别和孤独感：毕业后要和好友、同学分别，离开熟悉的校园环境，面对陌生的生活，孤独感增加。

2. **通过一系列行为评估风险**。心理评估有助于学校和家庭了解学生的心理状态，由学校心理咨询老师主导，包括家庭和室友的参与。心理评估为制订后续计划提供依据，主要包括以下几方面内容。

观察言行举止：密切观察学生的言行举止，包括言语内容是否消极、情绪表达是否异常、社交行为是否与平时有所不同等，以此评估情绪是否出现波动，如异常沮丧、愤怒、焦虑等，以及情绪表达的频率和强度。

注意体征变化：注重学生的身体体征变化，如睡眠质量是否下降、食欲变化、体重波动、面色苍白或憔悴等。

了解社交关系：了解学生的社交关系，包括是否出现孤立、脱离社交圈、人际关系紧张等情况。

询问求助意愿：了解学生是否愿意寻求帮助和接受支持，以及对解决问题的态度和积极性。

考虑历史记录：综合考虑学生的过往心理健康状况、家庭背景、学业压力等因素，以便更好地评估风险。

3. **危机处理与干预**。学校的干预措施，包括警方介入、家长陪同、心理咨询和安全协商。通过家校合力，共同帮助学生渡过难关并稳定情绪。

及时干预与支持：首要任务是确保学生的安全。学校应当立即介入，提供专业的心理咨询服务和支持，确保学生得到及时的心理危机干预和安全保障。

建立沟通桥梁：与学生及其家人建立有效的沟通渠道，倾听学生内心的声音，了解他们的需求和困扰，同时向家人传递学生的情况，共同制订有效的干预方案。

提供持续关怀与监督：学校和家人应该持续关注学生的情况，并提供必要的监督和支持，确保学生的心理健康得到有效管理和改善。

朋友或家庭支持和陪同：学生的朋友、家人应当积极参与学生的心理干预和治疗过程，提供家庭支持和陪同，共同关心和照顾学生的心理健康。

4. 后续措施。学校对小李的后续安排，包括对重修课程、毕业答辩准备等进行跟踪服务。提前进行毕业事宜安排，在处理学生心理危机的同时，合理安排学生的毕业事宜，包括论文答辩、实践课程重修等，对其提供必要的支持和协助。

三、学生工作方法总结

1. 提供关怀与支持。在大学生活中，每个学生都有着自己的梦想和压力，而心理健康问题往往在这个特殊阶段显现出来。学校、家庭、朋友的关怀和支持是学生走出困境的重要力量。重视毕业季尤其是毕业生的心理健康，及时发现并干预学生的心理问题，给予关怀和支持是至关重要的。

2. 多方协作，建立有效的沟通渠道。与学生、家人和其他相关人员建立良好的沟通渠道，以便及时获取信息、交流想法和制订有效的干预计划。针对每位学生的具体情况和需求，制订个性化的心理干预计划，注重学生的个体差异，提供针对性的支持和帮助。解决心理问题需要学校、家庭、心理专家等多方协作和支持，共同努力，形成合力，为学生提供全方位的支持和帮助。

第六章 职业规划与就业指导篇

《普通高等学校辅导员队伍建设规定》明确规定，辅导员具有职业规划与就业创业指导的职责。本章包括辅导员对学生的职业规划及毕业就业的指导，帮助学生完成生涯规划，对学生的就业选择提供合适的建议。

案例四十二 追梦路上 永不止步

一、学生取得的成绩

孔子曰："知之者不如好之者，好之者不如乐之者。"如今，大学生可以选择自己感兴趣的专业进行系统化的学习。然而，仅凭热爱并不等同于在该领域能够取得显著成就，真正的成功还需要付出更多的努力和实践。

小黄同学2018年毕业于某大学艺术专业，擅长爵士鼓、定音鼓、非洲鼓、中国鼓等多种中西洋打击乐器。在校期间，小黄同学创立了自己的乐团，担任鼓手以及乐团音乐总监，并与很多乐队同台演出。大学期间除了专注于提高专业素养外，他还在校外打击乐机构兼职做老师，这也为他日后的创业打下良好基础。毕业后，小黄创办了自己的工作室，带领乐队参加了多届打击乐大赛，并获得冠亚季军等诸多奖项。工作之余，小黄不忘提升自己，主动跟随专业院校的打击乐教授继续深造，还在更优秀的乐团中学习。短短五年内，小黄已担任省打击乐协会理事等重要职务，在业界获得前辈们的一致好评。

对打击乐从小就表现出极大兴趣的小黄，顺其自然地走上了专业打击乐这条道路，回望过去，他说："兴趣是最好的老师，热爱可抵万难！但也需要不断的坚持和学习才能实现梦想！"

辅导员应该如何深入了解大学生的兴趣爱好，帮助他们更好地发掘自身潜力和实现自我价值呢？

二、从案例中得到的启示

兴趣是最好的老师，热爱可抵万难。辅导员应当鼓励并支持同学们追求自己的梦想，为他们提供宝贵建议和有效资源，帮助他们成为更好的自己。

在专业学习道路上，辅导员提倡将热爱转化为动力，以积极的态度面对学习中的困难和挑战。专业学习道路不可能是一帆风顺的，需要将热爱转化为深入研究探索的内在驱动力，面对困难不退缩，不断挑战，不断提升。小黄自小学习打击乐器，其中的辛苦无须多言，但他仍不断学习深造，深耕打击乐领域，因此获得多种荣誉。

此外，辅导员还应建议同学们参加相关音乐交流活动，聆听前辈教诲，与同行分享交流经验，拓宽视野。在辅导员引导下，同学们积极参加各种音乐培训和研讨会，与其他院校同学交流学习，不断拓宽自己的视野和知识面，能够意识到自己的不足并不断学习与提高。同时，自我反思与总结也同样重要，不断提升自己的专业技巧和表现方式，力求在每一次演出中都能给观众带来更好的音乐体验。

为帮助同学们更好地掌握专业知识与技能，辅导员还为同学们推荐了一些优秀的音乐教师和工作坊，在专业教师的指导下，同学们不断提升自己的演奏水平和音乐素养。

三、学生工作方法总结

关注大学生的兴趣爱好是辅导员至关重要的工作环节，这不仅有助于学生个人的发展，还能为社会培养更多有创造力和创新精神的人才。

1. **关注大学生的兴趣爱好，提供有针对性的指导**。通过分析大学生的兴趣爱好，辅导员可以更好地了解他们的思想动态和价值观，从而制订出更符合学生需求的教育方案。例如，对于热爱艺术的大学生，可以通过组织艺术展览、讲座等活动，引导他们树立正确的审美观念和价值观，增强他们的文化自信和民族自豪感。

2. **积极鼓励和支持学生的兴趣爱好发展**。辅导员可以向学校申请，设立专门的社团和活动场所，提供必要的资源和指导，让学生能够在兴趣爱好的道路上走得更远。同时，还可以建立奖励机制，表彰在兴趣爱好方面取得突出成就的学生，激励更多学生积极投入自己热爱的领域中。

3. **为学生提供有针对性的科研指导**。在学术研究方面，大学生的兴趣爱好也可以成为他们探索学术领域的动力源泉。许多大学生在本科阶段就开始涉足各种科研项目，而他们的兴趣爱好往往是他们选择研究方向的重要因素，辅导员可以帮助他们更好地发掘自己的研究潜力和创新能力。

案例四十三 圆梦西部 支援边疆

一、学生遇到的问题

大学生志愿服务西部计划是我国政府为推动西部地区经济社会发展，促进民族团结而实施的一项重要举措。该计划旨在组织大学生到西部地区从事志愿服务，为当地的教育、卫生、农业等提供支持，助力西部地区的乡村振兴。

小何同学是某专业一名本科生。本科期间担任学生干部时，总是干活争先，评优在后。他积极参与各类活动，被评为校优秀共青团员，获得各类专业奖项数项。受家人影响，支援边疆的想法自小便埋藏在他心中。于是毕业后他响应国家号召，只身前往边疆参加大学生志愿服务西部计划，成为一名服务西部建设的志愿者。

目前，他依然在西部志愿服务，工作忙碌但内心满足，与此同时，小何同学还想提高专业能力，正在积极准备研究生考试。他说："我从来都是想要做的事一定会去做，很少考虑现实的原因。我热爱我的专业，最终可能还是会回到学校继续读书，但读万卷书行万里路，我觉得于公于私，我都该让我的青春努力绽放一次。"小何怎样做才能既可以准备研究生考试，又能不耽误现在的志愿服务工作呢?

二、辅导员的处理

针对小何同学的就业意向，辅导员开展了以下工作。

1. 与小何同学进行深入交流，了解他的学术背景、兴趣爱好、职业规划等方面的信息，以便为他提供更精准的建议和支持。在交流中，辅导员鼓励小何同学坚持研究生考试的准备工作，同时在西部志愿服务的工作也要出色完成，两者相辅相成，相互促进。

2. 与小何同学的专业导师进行沟通，了解专业学术动态和发展方向，为小何同学提供有针对性的考研指导。此外，辅导员还关注到小何同学在志愿服务过程中表现出的社会责任感和爱心，建议他在研究生阶段选择与公益事业相关的研究方向，将理论知识与实践经验相结合，为社会做出更大贡献。

3. 密切关注小何同学的日常生活，为他提供必要的帮助和支持。辅导员与小何同学建立了良好的沟通机制，定期了解他在志愿服务和考研准备过程中遇到的困难和问题，及时给予关心和指导。同时，辅导员还鼓励小何同学与同班同学、学长学姐多交流，分享经验，助力小何同学的考研之路。

4. 定期与小何同学总结回顾，检查其在考研准备和志愿服务中的表现。辅导员通过与小何同学的沟通交流，了解他在各个阶段的目标完成情况和存在的问题，及时给予指导和帮助。同时，还建议小何同学定期撰写工作总结和心得体会，更好地提升自己。

通过以上四个方面的工作，辅导员为小何同学提供了全方位的支持和帮助。小何同学的坚持与努力必定会在未来开花结果。而他在西部志愿服务的经历，也将成为他人生中一段宝贵的实践经验，对他在研究生期间的学术研究和职业生涯产生积极影响。

三、学生工作方法总结

大学生志愿服务西部计划事关大学生的切身利益和国家经济社会的良性发展。辅导员作为大学生的知心朋友和引路人，有必要针对学生的现实问题不断地进行反思和总结。

1. 从思想政治教育方面加强大学生志愿服务西部计划的意义和价值的宣传教育，使学生深刻认识到参与这项计划对于个人成长和国家建设的积极作用。通过开展主题班会、讲座、座谈会等形式，让大学生深入了解西部地区的经济社会发展状况，增强他们的社会责任感和使命感。

2. **在选拔和培训志愿者方面，辅导员推荐具有较强综合素质，有责任心、服务意识、团队协作精神的优秀大学生**。同时，加强对志愿者的培训，提高他们在志愿服务西部计划过程中的服务水平和工作能力。培训内容可以包括专业知识、跨文化沟通、心理素质等方面，使志愿者更好地适应西部地区的服务工作。

3. **在评价和反馈机制方面，辅导员要建立科学合理的评价体系，既要关注志愿者在志愿服务西部计划中的服务工作成果，也要关注他们的成长与收获**。通过定期收集志愿者和服务对象的反馈意见，及时发现问题，解决问题，不断提升志愿服务工作效果。

总之，辅导员作为大学生志愿服务西部计划的组织者与推荐者，应从思想政治教育、选拔培训、评价反馈等方面进行反思和总结，以提高志愿服务的质量和效果，为我国西部地区的经济社会发展贡献力量。同时，这也将有助于培养一代具有社会责任感和使命感的青年人，推动国家经济社会的良性发展。

案例四十四 优秀毕业生的求职经历

一、学生遇到的问题

小靳同学品学兼优，本科学习期间，每学期绩点不低于4.2，单科均不低于85分，曾获得国家级荣誉1次，省级荣誉3次，曾经在“互联网+”比赛、“挑战杯”比赛和“创青春”比赛中获奖，并被保送攻读本校硕士研究生。在研究生学习期间，小靳同学各科成绩均高于85分，发表学术论文2篇。小靳同学在研三开始寻找工作时满怀信心，但无论是选调生考试还是辅导员考试，他都未能通过第一轮笔试。看到周围同学喜讯连连，小靳同学感到格外沮丧。他很困惑：自己明明通过努力获得了很多奖项和荣誉，无论学业成绩还是专业成绩均很优异，为什么却在求职路上屡屡碰壁？

二、辅导员的处理

辅导员在与小靳的沟通中，首先对其优点进行了梳理，指导其在找工作过程中，应当注意扬长避短。首先，小靳同学的学习非常优秀，从本科开始他的目标就非常明确，努力学习并多次获奖，展示了较强的综合素质。其次，辅导员建议他在备考考编的过程中，要注意集中精力，小靳同学在准备辅导员考试的过程中还去参加了选调生的考试，导致精力分散，也许这就是没能成功的原因之一。最后，辅导员安慰小靳同学，是金子总会发光，在找工作的过程中，压力与焦虑难免，但要能沉得住气，在认真备考的同时关注招考信息，综合评析招聘岗位与自己的匹配度，对于合适的岗位要有针对性地准备，对于不适合自己的岗位，不要盲目尝试，导致注意力分散而错失良机。

最终，小靳同学顺利找到心仪的工作单位。目前，小靳以辅导员身份入职某高校，工作期间曾获辅导员能力素质大赛三等奖、招生工作先进个人等荣誉。凭借以往出色的学生干部经历，优秀的小靳受到领导、同事的一致好评。

三、学生工作方法总结

小靳同学是个很有思想的人。本科学习阶段就十分优秀，读研以后，他更加明确自己的目标，清晰地意识到研究生阶段会接触到繁重的科研压力，还要提前做好毕业后的人生规划。从小靳同学的学习经历可以看到，只有提前做好职业规划、认清就业市场需求才能为自身的发展提供帮助。

1. **辅导员要更加完善明晰学生的职业生涯教育**。职业生涯教育是提升学生就业内驱力的重要途径，不仅仅局限于书本教育、理论层面，朋辈群体的交流、老师的引导、实践的锻炼、经验的总结，都是职业生涯教育的重要组成部分。通过与社会互动、现实市场环境充分对接，让学生对生涯规划的重要性认识清楚。

2. **辅导员要在以人为本的前提下，结合学生具体的实际情况为学生提供发展平台，制订契合学生自身条件的职业规划**。学生由于对于自身专业能力认识不足，对就业市场需求与专业匹配度之间缺乏正确认识，经常陷入自我怀疑。在这种时候，辅导员要从旁起到帮助，让学生对自身能力有正确认识，有效挖掘自己的潜能，鼓励学生多多参加各项活动，根据自身情况进行全方位选择。

案例四十五 扬长避短 找到自己的路

一、学生遇到的问题

小葛同学是某学院一名艺术类专业学生。大一时期，小葛同学怀着保研的梦想努力学习，同时积极投身学生工作，凭借其责任心和领导能力，成功当选为社团联合会主席。可惜后来因为一次意外挂科，导致他的保研梦想破碎，不得不重新思考未来的努力方向。

庆幸的是，小葛同学没有自暴自弃，他迅速调整状态，选择了新的目标，立志考取 211 高校的研究生。于是他积极参加大学生科创比赛，并获得了省级奖项。尽管取得了一定的成绩，但经过深思熟虑后，他意识到自己在英语学科上薄弱，考研风险较大，最终决定放弃考研。然而这段科创研究的经历，使他接触到了更广阔的学术领域，培养了创新思维和解决问题的能力，为他今后的工作提供了巨大帮助。

小葛同学再次思考自己的职业目标，做出了一个全新的决定，决定考取教师编制。这期间，他一方面在学业上不放松，另一方面作为学院主要学生干部，高质量完成了相关工作，得到了老师和同学们的认可，光荣成为一名预备党员。在毕业年级，他目标明确，深入研究各地区教师招聘的考试内容，并根据自身的特点选择目标地区，展开了有针对性的学习。通过努力备考，他成功考上了教师编制，成为一名小学教师。

小葛的案例值得思考，作为学生成长道路上的引路人，辅导员应当如何协助学生确立清晰明确的学业目标与职业发展方向？

二、辅导员的处理

学业生涯规划和职业生涯规划对于大学生来说至关重要，它们不仅关系到大学生在校期间的学习成果，更决定了他们未来职业发展的方向和高度。因此，大学生应该认真考虑自己的学业和职业规划，制订合理的发展计划，并付诸实践。针对小葛同学的情况，在他保研失败后，辅导员结合他的自身情况，为他提供了一些建议和鼓励。

辅导员了解到，小葛同学一直以来都保持着勤奋认真的学习态度，但在保研、考研竞争激烈的环境下，要想脱颖而出，单纯依靠努力是不够的。因此，辅导员建议小葛同学更加注重自身综合素质和能力的培养。鼓励小葛同学积极参加各种学科竞赛和社会实践活动，提升自己的实践能力和创新思维，同时，还鼓励小葛同学保持积极的心态，不要因为一次失败而放弃。保研只是人生道路上的一个选择，未来的路还很长，只要不断努力，总会找到适合自己的发展方向。

在辅导员的帮助和鼓励下，小葛同学逐渐恢复了信心，开始重新审视自己的不足之处，并积极规划未来的发展道路。他相信，是金子总会发光，在未来的道路上，总能找到适合自己的道路。

于是，小葛同学迅速调整状态，在大三那年，积极参与学校组织的学业生涯规划和职业生涯规划，辅导员也给予了小葛同学充分的支持和帮助，协助他制订了详细的备考计划，并提供了丰富的学习资源。小葛同学从此不再迷茫，而是明确了自己的职业方向和目标，并为之全力以赴。他用心听取老师的指导，不断提升自己的专业技能和教学水平，同时还参加了多次模拟考试，以检验自己的学习成果。

经过一年的努力，小葛同学终于迎来了自己的收获季节。他成功考取了教师编制，成为一名小学教师。在工作中，他充分发挥自己的优势，用心教学，关爱学生，深受学生和家长的喜爱和信任。

三、学生工作方法总结

学业生涯规划和职业生涯规划是大学生涯中至关重要的两个环节。对于大学生来说，通过辅导员的帮助与支持，制订一个明确的学业生涯规划，不仅能够帮助他们高效地完成学业，还能为未来的职业生涯奠定坚实的基础。

1. **在思想政治教育方面，辅导员是大学生学业生涯规划和职业生涯规划的重要引导者**。他们不仅具备丰富的思想政治理论知识和实践经验，还了解大学生的心理特点和成长需求。因此，辅导员可以通过开展主题班会、个别谈话、心理辅导等形式，引导大学生树立正确的世界观、人生观、价值观和择业观，明确自己的学业目标和职业方向。

2. **从制度建设方面入手，建立完善的学业生涯规划和职业生涯规划制度，也是大学生涯中不可或缺的一环**。学校可以制定相关政策，鼓励辅导员与大学生共同制订个性化的学业生涯规划和职业生涯规划，并将其纳入学分管理体系中。同时，学校还可以建立专门的指导机构，为大学生提供全方位、个性化的咨询服务，帮助他们更好地实现自我认知和职业规划。

3. **学业生涯规划和职业生涯规划还需要与社会需求紧密相连**。大学生在规划自己的学业和职业生涯时，应该充分了解当前社会的发展趋势和就业市场的情况，结合自身特点和优势，选择适合自己的发展方向。同时，学校也应该加强与企业的合作，为大学生提供更多的实习机会和实践经验，帮助他们更好地了解和适应社会的需求，为未来的职业发展打下坚实的基础。

综上所述，学业生涯规划和职业生涯规划是大学生涯中至关重要的两个环节。辅导员作为大学生成长的重要引导者，应该充分发挥自己的作用，帮助大学生确定明确的学业目标和职业方向。同时，学校也应该建立完善的制度和机制，为大学生提供更好的职业指导和咨询服务，助力他们走向成功的人生道路。

案例四十六 点燃激情 成就卓越

一、学生取得的成绩

小赵同学本科期间，热爱本专业，努力学习，曾获得国家奖学金、学校一等奖学金、优秀学生干部等奖项，在班级担任学习委员，院学生会学习部部长。在多次期末考试中获得均分第一，本科期间曾多次赴韩国和中国香港地区参加比赛并且获得奖项。在校期间积极参与大学生创新创业活动并且顺利结项。

同时，她在校期间即开始筹备出国读研的各项准备。例如，参加学校组织的新加坡游学活动，在新加坡国立大学进行交流活动，为日后申请国外大学打下基础。在校期间利用课余时间参加语言类考试，筹备出版个人作品集，成功获得澳大利亚多所大学录取通知书，并于2017年前往澳大利亚攻读硕士学位。2019年年底毕业后，她选择去上海发展，在头部互联网公司工作，熟悉公司的运营模式和市场需求，为未来的职业发展打下了坚实的基础。她不仅在专业领域有着出色的表现，还积极参与各种社会活动和公益事业，不断拓展自己的视野和影响力，两年后开始了自己的创业之路。在创业过程中，她始终保持着对市场的敏锐洞察力和对客户的关注，带领团队不断创新，为客户提供更优质的产品和服务。经过不懈努力，她现任某国际专业协会上海地区负责人，上海某文化有限公司艺术总监，并多次组织举行国际比赛等大型活动。

二、从案例中获得的启示

坚持热爱、执着求学对于当今大学生来说，不仅是一种精神追求，更是他们实现自我价值和人生目标的必经之路。在这个信息爆炸、知识更新迅速的时代，大学生需要拥有坚定的信念和不懈的努力，才能在激烈的竞争中脱颖而出。小赵同学的成功并非偶然，而是她坚持热爱、执着求学的结果。

1. 辅导员老师应当提醒同学们坚守自己的热爱。无论是学习还是兴趣爱好，都需要投入大量的时间和精力。正是这种对事物的热爱和专注，使小赵在各个领域都取得了出色的成绩。作为大学生，同学们也应该找到自己真正热爱的事物，并为之付出努力。只有这样，才能在学习的道路上保持持续的动力和激情。

2. 辅导员老师应当帮助同学们全面发展。小赵同学不仅在学业上取得了优异的成绩，还积极参与各种社会实践活动和创新创业活动。这种全面发展的谋划，使她在大学期间积累了丰富的经验和技能，为日后的成功打下了坚实的基础。作为大学生，同学们应该注重培养自己的综合素质，不仅要关注学业成绩，还要积极参与各种社会实践活动和创新创业活动，提升自己的各方面能力和竞争力。

3. 辅导员老师应当培养学生的前瞻性和计划性。小赵同学在大学期间就开始筹备出国读研的各项准备，积极参加各种交流活动，为日后的申请打下基础。这种前瞻性和计划性，使她在出国留学的道路上更加顺利。作为大学生，同学们也应该学会规划自己的未来，制订合理的发展计划，并为之付出努力。只有这样，才能在未来的竞争中占据优势。

三、学生工作方法总结

坚持热爱、执着求学对于当今大学生来说，不仅是一种精神追求，更是一种行动和实践。只有真正热爱所学专业，并坚持不懈地追求学术目标，才能在未来的职业生涯中取得更好的成就和发展。

1. 在思想政治教育方面，学校应该注重培养大学生的创新能力和实践能力。通过开设丰富多彩的选修课程、实验室实践、科研项目等，让大学生在实践中发现问题、解决问题，提高自己的专业素养和综合素质。同时，学校还应该鼓励大学生积极参加各种学术竞赛、创新创业等活动，激发他们的创新精神和创造力，为未来的学术研究和职业发展打下坚实的基础。

2. **从制度建设方面入手，政府和社会应该为大学生提供更多的支持和帮助**。政府可以出台相关政策，鼓励企业和社会组织为大学生提供实习、就业等机会，同时加大对大学生创业的扶持力度，为他们提供更多的创业资金和资源支持。此外，社会各界也应该加强对大学生的关注和引导，为他们提供更多的职业规划和就业指导，帮助他们更好地融入社会、实现自我价值。

3. **大学生自身也应该保持积极向上的心态和行动**。大学生要明确自己的职业规划和人生目标，努力提高自己的综合素质和专业技能。同时，还应该积极参加各种社会实践和志愿服务活动，锻炼自己的实践能力和社会责任感，为未来的职业发展和人生道路奠定坚实的基础。

坚持热爱、执着求学是当代大学生必须具备的品质和精神追求。只有在不断努力和奋斗中，才能不断提高自己的能力和素养，实现自己的人生价值和目标。因此，我们需要全社会共同努力，为大学生提供更好的教育环境和发展机会，让他们既能在知识的海洋中畅游，又能在社会的实践中大展身手，创造更加美好的未来。

案例四十七 发掘自身潜力 找到适合自己的职业

一、学生遇到的问题

小汤同学是一名教育专业的学生，在第三个学年的时候，她发现她并不喜欢自己所读的专业，因而迷茫和沮丧充斥了她的生活，每天的课程以及学习让她感到十分疲惫。

在此情况下，她主动找到了辅导员老师，表达了自己想要休学的想法。她向辅导员老师坦言自己的困惑："我不知道我将来要做什么工作，要成为一个什么样的人。但有一点我心里明白，我不想以后从事与本专业相关的工作。老师，我该怎么办？"

二、辅导员的处理

当小汤同学感到困惑之际，辅导员主动与她展开了深入的谈话。对于学生进入"迷茫期"，对自己所学专业不适应、不喜欢，辅导员应当有针对性地与学生进行探讨，给予正向引导，传输职业教育理念并给出建议。根据小汤同学的情况以及性格，辅导员建议她可以寻找自己感兴趣的专业并进行尝试。

在小汤同学决定休学后，辅导员也对她进行了持续关注。在她面试屡屡碰壁时，老师联系了她的家长，和家长一起激励她继续前进，不断疏导小汤同学的情绪，并通过分析与沟通，让小汤了解到自身的短板，及时调整自身的目标及努力的方向。

小汤同学在休学期间选择了自己感兴趣的互联网游戏行业。她通过网络进行自学，了解游戏的知识，但由于对行业的了解薄弱，面试的公司结果都不理想。在她心灰意冷的时候，老师和家长不断地鼓励她，并建议她可以先报考教师资格证，给自己多一个就业选择。

秋招快结束时，小汤同学在不懈努力下通过了北京一家公司的面试，并用北京的工作当敲门砖，获得了国内头部互联网公司的实习机会。从北京到长沙再到深圳，她先后进入了三家游戏公司、一家新媒体 MCN。她在尚未毕业、零经验且专业不对口的情况下已经进入行业中，向大家展示了她跳出原来的生活轨道、进入新世界的勇气与决心。现在的小汤同学已经回到学校完成了她的大学学业，在感受过更多可能性之后，她更加相信只要一直在前进，路上的风景一定会很迷人。

三、学生工作方法总结

在大学，有大量的自由时间需要自己安排支配，如果不知道自己想干什么、该干什么、能干什么，就很容易迷茫。大学生之所以会感到迷茫，部分原因也是源于自我定位的模糊。

1. **注意对学生引导，让学生做好职业生涯规划**。角色转变是人生中的一个重要课题，青年大学生只有在不同的人生阶段充分了解自己，才能找到合适的发展道路和机会。对于小汤同学这种不喜欢自身专业的案例，辅导员要及时对其进行了解，根据每个学生的不同情况正向引导学生进行职业生涯规划。

2. **要关口前移，未雨绸缪**。辅导员要利用自身专业素养，向学生传授职业教育理念。了解学生需求，理解学生心理，避免学生因不能正确认识自己和评价自己，而对专业以及未来职业迷茫困惑，要在潜移默化中让学生强化对环境的适应力。

3. **要用心关怀，助力成长**。在问题出现时，辅导员要及时给予恰当指导。辅导员从事学生工作，并且和大学生年龄相仿，采用沟通和情感交流的方式是重要的工作手段。胸怀爱心、细心、耐心、恒心、平常心，关注学生的成长细节，深入了解、对症下药，让学生在积极的学习氛围中发挥自己的特长，收获自信，提高素养。

案例四十八 考研路上的工作机会 抓住还是放弃

一、学生遇到的问题

小张同学在本科四年的学习生涯中，一直认真学习，积极参加学校的各种活动，并担任学生干部，积极为同学服务。大一大二期间小张同学并未对就业有更多思考，在最终面对就业时，决定从考研着手，但在备考时，又不断被校园招聘吸引，看到周围同学签约不断而犹豫不决，静不下心备考。应该如何面对考研路上的工作机会？是多给自己一些选择机会还是直接放弃？

二、辅导员的处理

面对这个问题，小张同学向辅导员及专业老师进行了咨询，并分析了自身条件，通过辅导员与老师的建议、往届师兄师姐的经验分享，以及实习体验等，小张同学决定两手抓，一是由于考研在她的人生规划中有非常重要的地位，二是她较强的综合素质又比较适合进入职场。

最终小张同学凭借其在本科期间优秀的表现在考编时一战上岸，抓住了宝贵的工作机会。但由于准备考编精力分散，小张同学未能通过研究生升学考试。考研失利给小张同学带来了遗憾。目前，小张同学在工作岗位上表现得非常优秀，并且利用工作之余的时间积极备考在职研究生。

在大学生就业择业过程中，高校辅导员不仅要做学生成长成才的人生导师和健康生活的知心朋友，更要为学生提供科学的职业生涯规划和就业指导以及相关服务，全方位帮助和引导学生做好就业择业工作，帮助青年学生明确职业发展方向，力争做好学生就业的引路人。

首先，小张同学在本科期间表现优异，但面对择业的多种选择时，有所犹豫，无法坚定自我，辅导员在该过程中对小张同学进行了相关的职业规划咨询，帮助她对自身未来发展梳理了更加清晰的方向。

其次，辅导员在小张同学面临选择犹豫不定导致情绪受影响时，第一时间联系她，给予安慰和人文关怀。由于小张同学考编分散精力，导致考研失利，辅导员在祝贺她顺利考编的同时，鼓励她工作后考取在职研究生。在考取在职研究生这条道路上，辅导员与学生一起分析交流，并帮助联系往届同类就业校友分享成功经验，收集相关考试复试资料，助力学生早日取得成功。

最后，建立跟踪机制，定期了解小张的情况，确保就业信息的完整性和准确性。积极了解已毕业学生的职业发展情况，整理并分析企业和毕业生的意见和建议，及时存档，为日后做好毕业生就业指导工作提供经验和依据，增强就业指导的科学性和实效性。

三、学生工作方法总结

2023 年 12 月 5 日，教育部、人力资源社会保障部联合召开 2024 届全国普通高校毕业生就业创业工作视频会议，深入贯彻落实习近平总书记重要指示批示精神，落实落细党中央、国务院对高校毕业生就业创业工作的决策部署，总结工作，分析形势，全面部署做好高校毕业生就业创业工作。高校辅导员是开展大学生思想政治教育的骨干力量，是大学生健康成长的引路人和指导者，是高校教师队伍中和学生联系最密切、关系最亲近的良师益友。

1. 高校辅导员首先应该了解目前大学生择业趋势，并运用所有可用资源对大学生进行择业观的培养与完善。据 2023 年 10 月 19 日人民数据研究院联合北京师范大学新闻传播学院发布的《青年群体职业规划数据分析报告（2023）》，发现青年群体择业有三点趋势：第一，青年群体日益重视职业规划，但仍未达到全面重视的地步；第二，青年群体的择业观念更加清晰，倾向于“有编制”“稳定”的职位；第三，青年群体的职业路径持续优化，“边工作边规划”已成常态，且日益注重提升自我能力。观念的形成是一个渐进的过程，辅导员应采取全程化就业指导，从学生入学到毕业，根据不同年级、不同时间开展不同的就业指导工作，使就业指导工作贯穿于整个大学。低年级时，注重学生职业意识的培养，高年级时，根据职业市场状况、社会需求及学生特点进行职业生涯规划，提升学生的竞争力。

2. 辅导员要了解政策动向，并向学生进行就业现状解读，分步指导提升就业技能。通过学习相应的知识，了解前沿信息，帮助毕业生知晓政策、享受政策，更好助力毕业生就业创业。通过就业动员会、座谈会、网络宣传等多种形式，解读最新的就业形势、宣讲就业创业政策、明晰就业流程，带动同学们正确认识当前的人才市场需求、就业优惠政策与协议签订程序等，掌握劳动保障、法律维权、仲裁调解等技能。此外，掌握充足的就业信息，有助于实现精准就业，提高就业率。辅导员可利用互联网平台，如招聘网站、社交媒体、企业官网等，依托各地方的就业指导网站、24365 等就业服务平台获取最广泛的就业信息，并及时有效地传递给求职学生。辅导员可以通过与用人单位、行业协会、高校就业中心等机构保持联系，建立信息收集机制，及时获取最新的就业信息。还可与同行、企业、行业协会等建立资源共享机制，相互交换、共享就业信息。引导学生和家长参与就业信息的收集和整理，通过学生渠道获取更多的就业信息。

3. 辅导员要及时跟踪了解毕业生求职动态，要落实到个人。对求职失利的学生，与其共同分析失利原因，制订改进方案，鼓励学生调整心态，建立积极的择业态度。并充分掌握学生的真实情况，有针对性地提供就业指导。同时，要对学生就业中遇到的需求和困难予以重视，尽力协助解决，提供“绿色通道”服务。就业只是毕业生迈出校园、走向社会的第一步，未来职场发展状况，也应保持关注。辅导员要动态跟踪学生的就业情况，做好就业统计工作，从而积累就业数据，不断提升就业辅导能力。

案例四十九 就业还是读博的选择难题

一、学生遇到的问题

小任同学在本科期间，一直保持着年级第一的优异成绩，并多次获得奖学金以及校三好学生、校优秀学生干部等多项荣誉。曾在全国英语竞赛获奖，主持国家级大学生创新创业基金项目并顺利结项，在省级期刊发表论文，大四时被推免攻读硕士研究生。

读研期间，她仍像本科阶段一样保持着优异的成绩，多次获得奖学金，在期刊发表论文，获得多项荣誉。但是在临近研究生毕业时，虽然大部分同学开始为找工作做准备，或准备考编去中小学担任教师；或准备创业开办属于自己的工作室；或准备继续深造。对未来还很迷茫的小任同学产生了纠结，在考博和就业中摇摆，不知道要如何选择。

二、辅导员的处理

辅导员在了解到小任同学的困惑后，先分析了她自身的情况，她综合素质较好，平日里和老师同学们相处融洽，积极参加学校活动以及社会实践，有较好科研成果。但考博竞争激烈、高手如云，在这种情况下，能否披荆斩棘上岸，不仅仅考查学生的专业能力，更考查学生与导师沟通的能力，能否找到心仪的学校和合适的导师，在考取博士研究生的过程中至关重要。在研三下学期，已经临近博士报名考试时间，要在考前完成所有的准备工作有较大难度，且读博士期间还需要面临很多挑战，也是需要慎重考虑并提前计划的。

另外，辅导员也在就业方面对小任同学进行了分析。她多次参加社会实践活动，并且在本科期间与研究生期间都曾主持创新创业类相关项目并顺利结项，在工作能力与科研能力方面小任同学是出色的。根据她的特点与能力进行规划，辅导员首先让她根据自己的第一想法，对地区、企业、岗位做出选择，其次让她对工作地点、单位、岗位对她职业发展的重要性进行了排序，小任同学依次排序后慢慢找到了方向，准备选择自己喜欢的，跟专业契合度高的且离家近的工作，这样就确定了基本的职业目标，接下来的工作就是关注相关的招聘，做好应聘准备。

辅导员在与小任同学的沟通中，在读博还是工作给出了先找工作的建议。帮助她分析了问题的核心，了解更加适合她的工作，并进行了择业指导。小任同学个人也很认同辅导员给出的建议，并且她也热爱自己的专业，热爱教学。最终，通过努力，她考上了某市中职院校专业教师的事业单位编制，从事着与专业相关的教学工作。

在小任同学就业后，辅导员也与其保持密切沟通，并鼓励她可以尝试在职考博，无论对自身专业素养的提高，还是在今后的教学工作中培养更多优秀的专业学生都有益处。

三、学生工作方法总结

1. **要做好学生关于职业规划、人生理想的教育工作**。很多大学生会对未来感到迷茫，没有人生目标，或者目标不明确，小任同学本身是一位优秀的学生，但是在对未来的规划中，同样会有不知怎么办的问题。辅导员及学校老师要在平时对学生多进行教育和启发，帮助学生树立科学的择业观、职业观，让学生根据自身情况有针对性地进行规划。

2. **对于毕业班的学生，辅导员要更加关注他们的就业、升学等问题**。辅导员可以鼓励他们多尝试，大胆选择，在工作和学习中不断提升自己。比如小任同学的情况，可以先就业再深造，当自己具备了一定的能力与资源后，再创造机会或把握机会继续前进。

3. **辅导员要多给予学生鼓励与关怀**。有时候一些学生其实心里已经有了决定，但可能与其他同学或者家长想的不一样，来咨询辅导员其实是渴望找到支持他们的力量，所以辅导员应该给予更多的肯定与支持，并进行鼓励。学生在做决策时，有时并不是害怕决策，而是害怕决策后要面对的结果不能够承受。在这种情况下，辅导员要利用自身专业知识技能，帮助学生更好地认识自己，做出适合自己的规划并持续行动追求梦想。

案例五十 毕业就创业 自己做老板

一、学生遇到的问题

小刘同学责任心强，性格阳光开朗，热爱自由。考入大学后，热衷于专业知识的学习，并且积极参与学校科技创新项目，成绩斐然。但小刘同学不愿止于学业优异的现状，渴望获得更多锻炼自我的机会，她向专业对口的企业投递简历，获得了很多实习实践的机会。包括在寒暑假期间，大部分同学选择返家乡度过假期，小刘同学依然勤勤恳恳地实习工作。

这种兼职生活持续到大学三年级，小刘同学在此期间不仅获得了兼职的工资，能够负担自己的生活费，减轻了父母的负担，还积累了一定的教学方法和教学经验。在专业学习上，学以致用，在校期间的成绩也非常优秀。收获颇丰的小刘同学就此萌发了想要开一间属于自己工作室的想法。作为高校辅导员，应当如何帮助小刘实现创业梦想?

二、辅导员的处理

在高等学校开展创新创业教育，积极鼓励高校学生自主创业是促进高校毕业生充分就业的重要措施之一。辅导员肯定了小刘同学的想法后，和他一起分析了创业流程和政策，并查询相应资料，给予相关建议。

首先，小刘同学在本科期间表现优异，专业成绩优秀，主动寻找社会实习工作的机会。对于这种学业优异并且有主动寻求工作想法的同学，辅导员适当鼓励他们主动寻找与专业相关的社会实习，积累一定的社会经验，这种直接经验的积累是以积累间接经验为主的学校教育所欠缺的。

其次，从职业发展的道路来看，每个人首先需要对自己有明确的认知。小刘同学有责任心、有担当、热爱自由的性格，可能并不适应学校教学等较为严谨、固定的工作，更适合较为自主机动的工作。辅导员在小刘同学主动与自己交流想要开自己工作室的想法时，结合小刘同学本人的性格，给予其支持，并未推荐考编这一条道路。

最后，辅导员查询大量相应资讯，给创业期间的小刘同学多条可行的建议，工作室顺利开办。面对一个并未落地的想法，辅导员需要分析学生的现有资源、所需条件、最新文件等，让小刘获得关于开工作室的全面信息，给有想法但较为迷茫的小刘同学可行的建议，最终使想法成功落地，工作室开业大吉。

三、学生工作方法总结

高校是创新创业人才培养的主阵地，加强高校创新创业教育是国家经济社会发展的现实要求，是当代大学生成长成才的内在需求，也是高校辅导员工作的重要环节。

1. **辅导员应积极主动了解大学生创新创业政策，并向学生进行宣传解读**。针对创新创业教育，国家、地区、学校都制定了相关政策法规及政策支持体系。作为高校辅导员应当结合当地和本校的实际情况，吃透相关政策措施，并在学生中广泛宣传，如国家层面的《关于深化高等学校创新创业教育改革的实施意见》政策文件，教育部的国家大学生创新创业训练计划项目，等等。

2. **营造有利于大学生创新创业的校园文化氛围**。积极开展各类创新创业讲座，积极邀请创业成功的校友进校开展创新创业讲座、报告等。组织策划相应的竞赛活动，辅导员在这些活动中发挥组织协调作用，发动学生积极参赛、组织院系层面的选拔比赛，在比赛过程中实时跟踪服务，及时指导，让学生转变观念，认识到并非体制内的工作才是最好的，创业同样也是一个非常好的职业选择。

3. **要深入了解每位学生的情况**。作为辅导员要全面深入了解每一位学生，包含家庭情况、兴趣爱好、性格特征等。只有深入了解学生的情况，才更有针对性地引导学生展示自己。对于一些具有才能和潜力的同学，多鼓励，让他们在不同的平台进行锻炼，并从社会对人才的需求以及人才的综合发展角度，进行个性化的引导。

4. **遵循学生个性，制订属于每个人的发展计划**。对于有责任心，热爱自由，且较之其他同学富有一定社会经验的学生来说，创业无疑是一条合适的道路。辅导员在面对这类同学时，需要给这些打算创业的学生以肯定，并实时了解学生的创业动向，及时给予帮助。

案例五十一 保研还是出国 求稳还是勇闯

一、学生遇到的问题

王同学自大学入学以来，始终保持着认真的学习态度，积极参与各类校园活动，表现突出。在努力完成学业的同时，她也一直在思考自己的未来。到了大三，她凭借优异的成绩获得了保研资格，然而，面对保研的机会，她却陷入了纠结。原来，王同学一直怀揣着出国深造的梦想，虽然拥有免试研究生的宝贵机会，但她仍在保研和出国留学之间犹豫不决。她找到辅导员老师，想听听老师的意见。

二、辅导员的处理

王同学面对保研与出国留学的选择，辅导员建议她不要受舆论和大众影响，根据自身情况，做出适合自己的选择。虽然免试研究生看似稳妥且无须额外准备，但这也可能带来一些遗憾。辅导员老师分析了王同学的情况，她专业优秀且英语成绩好，在出国深造之路上有很强的优势，建议她可以选择出国留学深造。

辅导员认为凭借王同学的能力，申请出国留学的成功率非常高。她执行力强，非常自律，在确定出国留学后，能够根据自身情况制订周密的计划进行准备。此外，王同学善于思考，她在决定出国留学时就思考自身具备的条件，并且在准备的过程中遇到困难及时进行调整，分析问题所在。

通过辅导员的帮助、往届师兄师姐的经验分享，以及咨询相关出国留学中介等，她了解到出国留学应具备的条件，为自己制定了明确的目标与清晰的规划，将专业成绩排名保持在年级第一，提高自己的绩点，在校期间还担任了合唱团艺术指导工作，为自己积累了丰富的演出经验，获得国家奖学金等荣誉。

她将制订的计划细化到每天的安排当中，并根据自身的节奏进行相应的调整，最终考上了美国某专业学院的研究生。目前，王同学在美国攻读博士学位，积极投入专业发展当中，除了繁忙的课程和演出任务，她还是学校的助教，每周都有教学任务，给本科生上课；对于她而言，清晰的目标和不懈的努力是她这些年来一直坚持的事情，也是她能够取得成功的秘诀。

三、学生工作方法总结

王同学在面临抉择时选择主动出击，坚守自己的本心，充分了解出国留学所需要的条件，最终选择出国留学并成功拿到录取通知书，此案例也给了辅导员一些思考。

1. **对于临近毕业面临不同选择的同学，辅导员要结合自己的工作实践针对不同学生的情况给予学生有针对性的指导**。高校辅导员在指导大学生职业生涯规划的过程中，要结合学生特征开展相关的培训、课程。对于有出国留学想法的学生，辅导员可以请学院中已留学国外的优秀校友开展专题讲座，进行出国深造经验分享，让学生了解不同国家的留学政策、不同院校的申请要求等，能够对面临不同选择的学生提供实质性的帮助。

2. **作为辅导员，要充分发挥学生的主观能动性**。学生作为主体，辅导员要采用多种方式调动学生的积极主动性，引导、鼓励学生主动学习，并且引导学生要根据自身情况进行选择、规划。

3. **要充分凸显辅导员及高校教师作为引路人的作用**。辅导员及老师应根据自身的发展经历以及职业规划相关知识给出学生们良好建议，为学生考研、就业等选择提供指导。另外，辅导员在日常生活中也可以通过网络社交平台与学生进行沟通交流，做学生的知心人与引路人，促进学生的全面成长。

第七章 危机事件应对篇

本篇涵盖了包括宿舍矛盾、突发疾病、意外伤害、情感纠纷等各种高校突发事件。辅导员要掌握突发事件应对与处理的相关知识，能根据掌握的信息对危机事件进行分类分级处理。全过程、全方位地关注学生的健康与安全，加强学生安全健康意识的培养，营造一个平安校园，为学生平安度过大学生活提供良好的保障和支持。

案例五十二 校园安全大于天

一、学生遇到的问题

小童在毕业晚会结束后与同学在外喝酒庆祝，晚上骑电动车返回宿舍，路上由于下雨看不清路况，撞到了路边的警示柱上，车把撞到了小童的腹部。由于小童和后座同学都没有明显外伤，因此两人并未在意，随即回到宿舍。可是，小童感觉越来越不舒服，她便让室友陪她一起去医院，急诊医生经检查判定为腹部出血，情况非常严重。其室友立即打电话给辅导员，辅导员与班主任老师火速赶往医院，与此同时，医院紧急安排做B超，发现小童被撞的位置非常危险，在肝脏、胰脏和胆囊的交接处，医生表示情况危急，建议立即护送学生到省城医院做手术。但是，不排除在去省城的路上可能会错过最佳抢救时间出现生命危险。面对紧急的突发事件，辅导员应该如何处理?

二、辅导员的处理

辅导员和班主任第一时间将情况上报给学院领导，学院紧急召开会议商讨，决定由学院出面沟通医院领导，由经验丰富的内科医生进行手术。手术持续了七八个小时，从白天做到了黑夜，在此期间，辅导员联系了学生家长，并坐校车去省城接下飞机的小童母亲，将事情的情况及进展及时告知家长。在手术康复期间，辅导员为小童办理医疗保险理赔等相关手续并24小时全程陪护，小童手术较成功，不影响后续生活，且安全度过危险期。

事发当天，小童已是毕业生，但是学院还是组织了捐款帮助小童缓解经济压力，其父母也很感恩学院的付出。事发之后，辅导员组织各班召开学生日常安全防范主题班会，由小童这一事件教育所有同学引以为戒。

1. **快速反应，冷静应对**。辅导员在得知情况后，并没有表现出惊慌失措，无论是在接到小童室友电话还是在决定在哪里做手术，辅导员都在第一时间安抚学生并上报学院领导，根据学院领导指示做出快速反应，这在很大程度上为小童的生命安全和妥善救治赢得了宝贵时间。此外，及时将情况及手术进展告知家长，使他们及时得到情况反馈有效缓解焦虑担心，充分维护了学生家长的知情权，对赢得家长信任与后续工作配合奠定了坚实的基础。

2. **提供实质帮助，缓解经济压力**。尽管小童事发时已毕业，学院各级领导以及辅导员还是尽职尽责地处理好每一环节，辅导员为小童处理住院、保险等相关事宜，解决小童的后顾之忧，并且24小时陪护保障小童的生命安全。时刻与小童父母保持沟通，并乘车前去接小童母亲。事后，还为小童组织捐款活动来缓解小童的经济压力。

3. **做好日常教育和防范工作**。

做好日常安全教育是避免突发事件的有效途径，对学生做好安全教育、防患于未然是减少突发事件发生的必要条件。事发时，电动车的车把已经撞击到小童的腹部，但是由于没有出现皮外伤，没有引起小童重视，才会导致差点错过最佳治疗时间。如果小童平时的安全防范意识很强，在受到撞击之后立即前往医院拍片检查，出现问题立即解决，在一定程度上会缓解病痛并降低手术风险。

三、学生工作方法总结

辅导员是高校管理学生的一线人员，也是保障学生健康成长的排头兵，在学生遇到突发事件时，其处理事情的措施非常重要。

1. **始终要把保护学生的安全视作第一要务**。一旦发生突发事件，辅导员需第一时间赶到现场，并做出妥当的应急处理。

2. **主动学习和掌握应付突发事情的知识和技能**。辅导员除了日常工作外，还应主动学习和掌握多项知识和技能，以便在遇到特殊事件或突发情况时能够沉着冷静、有条不紊地应对。

3. **开展活动以加强学生的日常安全防范意识**。学生的日常安全防范不能忽视，辅导员应联合各班班主任和学生干部积极开展相关活动以加强学生的日常安全防范意识，培养学生处理突发事件的能力，从而让他们能够更好地应对紧急情况的发生。

案例五十三 如何处理宿舍矛盾

一、学生遇到的问题

小王和小李是室友，一人来自南方，一人来自北方，生活习惯和处事方式大相径庭。小王喜欢打扮，平日处事小心谨慎，小李则性格外向，脾气直爽，刀子嘴豆腐心。

在宿舍里，小李觉得小王的音乐声音过大，便出声提醒。由于两人之前积怨已深，小王并未理会，这激起了小李的怒火。小李拿起窗台上的水果刀向上铺的小王挥舞，并挑衅说："有种你就下来，我们好好比画比画。"小王因性格谨慎并未回应，小李便一把拽下小王的包，要求她下来。小王担心小李会对她不利就悄悄拿了把剪刀藏在背后爬下床铺，在两人对峙过程中小李挥舞着水果刀恐吓小王，言辞激烈。小王眼见刀尖逼近，心生恐惧，一闭眼冲了过去，手中的剪刀刺入了小李的胸部，一时间鲜血直流。此时正好有室友推门进来，见状立马拨打救护车电话，紧急送往医院，并迅速告知辅导员。如何化解这场宿舍里的冲突事件?

二、辅导员的处理

目前，00后学生逐渐成为高校主力军，他们大多是集万千宠爱于一身的独生子女，个性较强。宿舍是大学生生活学习的重要场所，也是人际关系矛盾爆发的"重灾区"，宿舍生活直接影响大学生的身心健康发展。

在这一事件中，辅导员得知消息后第一时间赶到医院，并通知其父母相关情况，父母立刻从家出发前来。与此同时，辅导员把事情上报学院分管领导，时刻沟通事件进展，在得知小李并无大碍后，辅导员开始着手调查背后原因。首先，辅导员联系班长、团支书等班干部，从侧面了解宿舍成员的学习、生活、性格等情况。从谈话中得知，小王平时爱打扮，性格随和，处事谨慎，而小李心气高，个性直爽，脾气相对比较急。然后，辅导员分别约谈小王和小李，进一步深挖矛盾根源，通过交谈得知，小李来自单亲家庭，父亲从事经商，家庭条件相对优越，但是由于从小缺少父母亲的陪伴，因此性格比较急躁，以自我为中心，缺乏换位思考意识，常常用摔门、砸东西的方式来表现自己的不满和气愤。而小王家庭条件也比较优越，是南方女孩，性格比较温婉，但是也有小脾气，宿舍生活让她多有不适。在此次事件发生之前，两位同学就经常出现各种小摩擦，最终在这件事情爆发出来。查明事件原因后，辅导员根据学生情况综合考虑，最后决定建议小李的父亲带小李回家休养一段时间，小王调换到其他宿舍。

辅导员分析了矛盾的症结所在：第一，地域文化不同，生活方式有别。进入大学之后，一个宿舍都是来自五湖四海的学生，地域文化、生活方式以及家庭背景都各不相同，不同的思想观念和生活习性，是宿舍容易发生矛盾的原因之一。第二，两人性格差异大，缺乏深入交流。第三，以自我为中心，缺乏换位思考。由于两位同学均是独生子女，在上大学前没有住过集体宿舍，进入大学后的集体生活让她们很难适应，遇到事情第一时间用发脾气表现自己的不满，不会相互包容，从而导致室友之间关系不融洽。

三、学生工作方法总结

女生宿舍的矛盾大多是由于日常生活中的琐碎事情导致误会而引发的，从表面上看，似乎都是一些不值得谈论的事情，但是透过现象看本质，还是能发现许多问题。在处理类似事件时，辅导员应遵循以下几点要求。

1. 积极沟通，耐心引导。宿舍矛盾大多是因为平时沟通不到位造成的，此时，就需要辅导员以及学生干部来充当学生间沟通的“桥梁与纽带”。在处理宿舍矛盾时，辅导员除了教会学生要换位思考外，还应鼓励学生主动沟通，相互理解，相互包容。

2. **兼听则明，偏信则暗**。宿舍矛盾产生后，不能仅凭一人之言而论谁对谁错，而应做到公平公正，认真倾听矛盾双方的想法，综合多方信息，客观地、综合地、全面地看待问题，从根源上解决问题。

3. **求同存异，和谐共生**。辅导员在解决矛盾时不能一味地以集体共生为主，压制学生个性发展，这样会为今后更大的矛盾埋下隐患，不利于学生身心健康发展。宿舍生活，应寻求共通之处，保存有差别的地方，在宽容中求同，在尊重中存异，相互学习，取长补短，共同进步，各成其才。

案例五十四 如何走出失恋阴影

一、学生遇到的问题

小西与男友小北在中学时期开始恋爱，考上大学后分隔两地，感情逐渐淡薄，男友因接受不了长时间异地最终提出分手。失恋后的小西长时间沉浸在悲伤中，难以自拔。正值冬季，小西因感染风寒自行服用了感冒药。当晚，她听到舍友们讨论晚上去酒吧喝酒放松，于是决定一同前往，希望能借酒消愁，暂时忘记失恋的痛苦。但是小西忘记自己吃过感冒药，其舍友对于小西吃过感冒药的事情并不知情，因此同意小西和她们一同前去。

回宿舍后，小西出现头晕恶心、大量呕吐等症状，但她以为这只是饮酒过量的正常反应并没有重视。第二天早上，小西的状况不但没有减轻，甚至在呕吐物中夹杂鲜血，舍友发现后立即将小西送往校医院，并联系辅导员告知了情况。失恋后险“失命”，如何帮助学生平稳度过失恋危机?

二、辅导员的处理

很多大学生是独生子女，从小生活条件优渥，没有经历过挫折，因此心理承受能力普遍较差，在恋爱失败后很容易产生一些偏激行为。

辅导员得知消息后第一时间赶赴现场了解情况，在尽可能短的时间获取全面信息，以便于后续调查。并联系小西家长，安抚学生和家长的不良情绪。

校医对小西进行检查后立即转送至就近医院，其舍友与辅导员一同前往，医生对小西进行了数小时的抢救，虽已脱离生命危险，但是身体依然虚弱，无法进行交流。鉴于小西的身体状况，辅导员与该生家长商议后决定留院观察期结束以后，将小西接回家休养一段时间。一方面，可以尽快恢复身体健康；另一方面，对其失恋造成的心理失落进行疏导，待身体和心理都恢复后再返校学习。休养期间，辅导员始终与小西家长保持密切的联系，并安排专门的心理咨询师为其治疗。

在小西返回学校后，辅导员让心理健康中心老师对其心理状态进行评估，并与其保持密切沟通，时刻关注她的学习、生活情况，利用所学心理学知识，结合自身经验进行了有效的事后干预，以期消除其心理症结。

三、学生工作方法总结

大学阶段是青年世界观、人生观、价值观形成的关键时期，由于初入大学，脱离了家庭的庇护，心理承受能力较弱，遇事容易走极端，不懂得利用合适的方法调解和疏导自己的不良情绪，作为辅导员可以从以下几个方面做好工作。

1. **引导学生树立正确的恋爱观**。高校大学生谈恋爱已经是一种屡见不鲜的现象，而由大学生的恋爱问题引发的悲剧事件，不得不让老师重视当代大学生的恋爱问题。大学前由于学业占据了大部分时间，进入大学后，相对开放的管理方式让学生对恋爱保持好奇的态度，容易陷入恋情。但是大学生的心智普遍不够成熟，且依赖性较强，独立性较弱，恋爱结果一旦没有达到自己的心理预期就会受伤。且大学谈恋爱基本不会考虑现实情况，如家庭情况、个人经济情况，以及毕业后的就业选择等，因此，也容易经历恋情的失败。

辅导员在日常教育管理工作中，要加强对学生正确恋爱观的教育与引导。要告诉学生爱情的前提是双方自愿、平等互爱，以两个人有共同的理想追求为基础，以渴望对方成为自己终身伴侣为目的。恋爱是在彼此了解、互相信任的关系基础上日久生情而建立的，应该是稳固且持续的状态。

2. **开设相关心理学课程**。学校应定期开展有关恋爱的心理学课程和讲座，从理论上帮助学生树立正确的恋爱观。当前关于大学生恋爱与婚姻方面的课程，主要局限于思政课和大学生心理健康课这两类。高校可以设立专门的关于恋爱、婚姻、性教育的课程，对大学生恋爱、婚姻进行教育和指导，做好恋爱道德的引导、恋爱问题的指导、幸福人生的向导。

3、**鼓励学生参与校园文化活动**。积极动员大学生参加校园文化活动，充实的校园生活有助于大学生消除孤独感，培养他们的健康心理，强化道德力。高校辅导员可以通过组织开展知识竞赛、演讲比赛、辩论赛、文艺演出、运动会等文体活动丰富学生的业余生活，为他们营造一个积极向上的环境。

案例五十五 看似“馅饼”实为陷阱

一、学生遇到的问题

某日，小李同学在浏览微博时，收到了一位陌生人的私信。对方称与小李有共同爱好，希望结识。出于好奇，小李添加了对方的微信。经过几天的交谈，对方透露了一个看似轻松赚钱的门道，声称可以帮助小李赚些零花钱，而且操作简单，不影响学业。听到这些，小李心动了，决定尝试一下。

按照对方的指示，小李首先下载了一个应用程序，并被拉入一个名为“高校兼职群”的聊天群。群里的成员们热情欢迎小李，并纷纷晒出自己提现成功的截图，这让小李更加深信不疑。最初群里发布的任务比较简单，只需要刷视频攒够时长或者点赞视频号，便可得到相应的奖励，入群当天小李就赚到了 30 元，这使小李完全放松警惕。接着对方要求小李绑定手机银行，向对方提供的银行卡号转账，承接刷单任务，起初转账之后确实能提现成功。但是几天之后，小李发现自己提现到的金额远远低于自己转账出去的金额。当小李向对方询问时，对方称完成更多任务后会有巨额返现，并让小李继续转账，小李这才意识到被骗，随后马上报警。小李共计转账 23576 元，其间仅提现了 785 元，共损失 22791 元。辅导员该如何帮助学生增强防范意识，远离诈骗陷阱？

二、辅导员的处理

随着互联网经济的发展，网络诈骗案件越来越多，尤以境外诈骗公司组织的刷单、裸聊等形式更为常见。大学生被网络诈骗的原因主要有以下几个。

1. 囊中羞涩，爱贪小便宜。大多数家庭为大学生提供的生活费，只能维持其日常开销，并不支持过高的消费。有些大学生出于相互攀比的心理，或是因家境困难希望减轻父母的经济负担，于是想在外兼职以挣到更多的钱，结果上当受骗。“只要动动手指，就可以轻松赚钱”诱惑着刚刚步入社会的大学生，有的诈骗公司甚至还冒充公检法单位，让大学生失去对政府的信任。

2. 防范意识不强，警惕心不足。刚步入大学的学生社会生活经验较少，缺乏辨别是非的能力。在大学这样一个相对单纯的社会环境中，学生更容易相信自己身边的朋友、老乡等熟人。而恰恰就是朋友和熟人容易利用自己的身份进行诈骗，缺乏辨别是非的大学生很容易给骗子提供可乘之机。

三、学生工作方法总结

1. 保持警惕，跟踪到底。辅导员收到警情消息后第一时间联系小李确认事发情况和性质，然后跟小李与小李家长充分沟通并统一认知和行动。同时回顾“高校兼职群”中其他有可能涉及此事的学生如小李的好友等，在保护当事人的个人隐私的基础上对可能涉及的学生进行提醒，将影响范围缩到最小。

2. 同感共情，倾听心理。辅导员与小李进行多次心理约谈，谈话采用罗杰斯共情模式营造安全可信的谈话气氛，构建起与小李心灵之间的桥梁。与此同时也采用倾听技巧，充分了解小李遭遇欺诈过程的心理变化，与其期间的行为进行关联，采用“规范化”心理咨询方法帮助小李接受事实并吸取教训，在减轻心理压力的同时学会积极面对困难和挫折。

3. 增强学生防范意识。

辅导员要关注学生对于电信网络诈骗的认知，结合身边的实际案例，诸如“网上兼职”“刷单诈骗”“校园贷”“购物消费诈骗”等，提高学生的防骗意识。引导学生积极关注国家反诈中心 APP、96110 预警劝阻专线、12381 涉诈预警劝阻短信系统、云闪付 APP“一键查卡”等网络反诈利器，学习反诈知识。同时，拓展校外资源，联系派出所和银行、金融办等机构进校给同学们进行主题宣讲，加强防骗教育。

案例五十六 家校联动 助力学生成长

一、学生遇到的问题

小周同学在校期间学习及其他各方面均表现优异。然而，某天，小周独自在宿舍一次性吃了24粒抗抑郁药后与同班同学前往影院观影，中途睡着后口吐白沫且意识模糊，同学立即将其送往附近医院急诊。

据悉，小周父母在其10岁时离异，法院将其判给父亲，后父母各自组建新的家庭。大二到大三的暑假期间，小周先后遭遇朋友欠款失踪与兼职工资被冻结的双重打击。其舍友曾向心理辅导员反映小周本学期一直情绪低迷，且时常有暴饮暴食的现象。但在与小周沟通交流时，其行为举止各方面均表现正常，直至事发前，室友和同学也未发现她有任何除暴饮暴食外的异常举动。家里人在接到辅导员电话时也表示很诧异，从未发现小周有何异常。面对学生隐匿性极强的心理问题，应如何家校联动帮助解决?

二、辅导员的处理

辅导员在接到电话后，在电话中安抚同行的同学，并指导其先帮助小周在医院做检查。当晚，医院对其进行抽血、化验、洗胃等治疗措施后，将其送往急诊病房住院观察。辅导员随即赶到医院并联系学生家长，请家人协助照顾学生。

辅导员分析导致此次事件的原因有以下四点。

1. **父母离异，亲情缺位**。由于小周父母离异后各自组建家庭，法院将其判给父亲，造成小周长期缺少来自母亲的关爱；故自幼养成了懂事敏感的性格，即使父亲对其关怀备至，但她依然习惯于有问题自己闷在心里，不想给父亲增添麻烦，也不想因此失去父爱。

2. **遇人不淑，遭遇欺骗**。小周曾在暑假期间将用作学费的8000元人民币借给朋友，后朋友不辞而别且报警未果，至今钱款仍未追回。

3. **债务未平，又遇诈骗**。小周在本学期开学后给自己安排了大量兼职工作以赚取学费填补亏空，在即将凑齐8000元学费时却被某公司以账号涉嫌诈骗为名冻结账号，致使其存入账号内的7000余元暂时无法取出。

4. **性格倔强，不愿表露性情**。小周性格孤僻，表面上开朗豁达，面带微笑，实则将所有心事都藏在心底，不愿意向他人倾诉自己的苦恼。此外，她极度缺乏安全感的心理致使她对身边的人与事物都相当敏感且缺乏信任，大事小事均选择一人承担，最终导致个人压力超过了自身能承受的负荷。

辅导员首先安抚了小周的情绪，请她充分信任老师。在小周住院期间时常去医院看望，与她谈心。其次加强防诈骗教育，对于身边的熟人朋友，也不能无防人之心，特别关系到钱财的借取，一定要谨慎，可以先跟老师和家长沟通再做决定。鉴于小周目前的情况，学院给她申请了勤工助学岗位以及助学金，减轻她的心理压力，帮助她尽快回归正常的生活学习。最后，对小周进行生命教育，让她明白生命只有一次，要珍惜生命，人生中的挫折，只是为了增加我们生命的韧性，不能被挫折打败，永远都要珍视生命。在老师及班级同学每天24小时的陪护下，小周情况逐渐稳定，已经顺利出院。

三、学生工作方法总结

从加强心理健康工作的层面来说，小周的事件警示我们，建立“校—院—班级—宿舍”的四级工作平台，让学生干部和宿舍长在其中承担相应责任，及时联系班委和宿舍同学详细了解身心健康欠佳的同学在校基本情况以及基本家庭状况，发现问题第一时间和学院心理辅导员联系。

1. **学会倾听，换位思考**。小周由于生活在单亲家庭，心理异常敏感，性格自卑且偏执，不愿向他人展示自己脆弱的一面，自我认知不够全面。在和小周沟通过程中，辅导员要耐心倾听，并及时给予回应，让小周逐渐放下戒备，选择信任，打开心门，说出烦恼。从而引导她学会释放压力，不断给予自己积极的心理暗示，进而克服自卑，增强自信。

2. **家校联动，及时沟通**。家庭教育是对学生进行心理健康教育时不可或缺的部分。借助家庭的力量帮助有心理问题的学生往往能够事半功倍。在与小周家长多次沟通过程中，发现小周父亲是非常关心爱护孩子的，在其父亲印象中，自己的女儿一直是一个品学兼优、懂事孝顺的姑娘。然而正是因为这种心理，导致其父对于她的心理异常反常迟钝。此事件发生后，应建议家长多从各个方面关心小周的日常生活，给予小周更多的鼓励与肯定，及时与学校老师沟通联系，了解学生在校的学习生活状况。

3. **积极引导，促进身心健康**。小周在性格上较为孤僻自卑，且十分敏感，一直担心因麻烦父亲而导致父亲疏远自己，故而一直以过度的懂事来掩饰自己的困难，希望自己的这种懂事能够得到父亲和他人对她肯定的评价。上述问题，完全可以通过加强与小周的沟通交流，耐心帮助她分析梳理大学每个阶段可能遇到的问题等方法得以解决。与此同时，在交谈的过程中由衷地赞美她、鼓励她，告诉她生命的可贵，振作起来，拥抱生活。此外，面对小周当前亟待解决的实际问题，学院可以利用自身条件，为其走出当前困境提供实质性帮助。

作为心理辅导员，实践工作给予更多的启示是心理辅导员的工作是一个需要耐心、细心、爱心和责任心的工作，要求我们平时尽可能地多了解学生，跟学生建立良好的师生关系。当学生出现问题的时候，能够第一时间获取相关信息，并主动约谈学生，了解学生的家庭情况、在校的学习生活情况，这样才能够真正成为学生成人成才的人生导师和健康成长的知心朋友。

案例五十七 用沟通和包容化解宿舍矛盾

一、学生遇到的问题

小白是一名大二的学生，在大一期间，小白与室友之间的关系并不融洽，常会因为一些琐事发生争吵。一次，小白出门忘记带手机，被舍友小李看到，在好奇心的驱使下小李拿起小白的手机开始翻看她和其他人的聊天记录，结果发现小白在背后经常说宿舍另外三位同学的不是。小李气愤不已，将这些聊天记录拍了下来，并且发给了其他两位舍友。

小白晚上回到宿舍得知此事后非常生气，但这时其他三位舍友也前所未有地“团结”起来，站在了小白的对立面。四个人越说越凶，争吵无果后，小白以侵犯她的隐私为由报了警。辅导员在警察到学校之后接到了班长的电话。如何化解这场不仅仅是因隐私暴露产生的宿舍矛盾？

二、辅导员的处理

辅导员在得知事件之后立刻打电话给小白安慰其要冷静，同时立即赶往学校。到了学校之后，辅导员配合警察安抚四个人的情绪，疏散了围观的学生，并和警察进行了沟通表示先内部处理。辅导员在认真了解事情经过后，首先对小李进行了批评，在未经他人允许情况下，翻看他人手机聊天记录并截屏，将聊天记录扩散，涉嫌侵犯他人隐私，行为不可取。此时激动的小李也冷静下来，认识到了自己的错误。

在批评完小李后，辅导员就宿舍矛盾进行了深入的了解，得知四个人由于来自不同的省份，生活、学习以及作息习惯都有一些不同。小白跟其他三位同学发生矛盾的时候，总是认为没有必要争论，选择隐忍不说。于是，矛盾越积越大，渐渐地她就开始在微信上向其他同学吐槽。因为小白性格平时较为内向，在其他人眼中属于不太爱说话但是与人交好的类型，这样巨大的形象反差，让其他三位舍友非常生气。

辅导员老师就如何处理矛盾与宿舍四位同学开展了深入的谈心谈话，四个人的情绪逐渐缓和。在接下来的一周，辅导员时刻与宿舍四人保持联系，同时，与小白的家长进行了交流，将学校的情况向家长反映，共同安抚小白的情绪，并教育小白在背后议论他人的行为不可取。小白也认识到了自身的错误。但是宿舍四个人就此事还是产生了很大的隔阂，宿舍关系雪上加霜。

一周之后，辅导员再次来到她们宿舍，发现四个人已经开始了冷战，都想离开这个宿舍，辅导员于是将四位学生分别安排到了三个宿舍。自此，四人的矛盾逐渐平息。但是在处理完宿舍矛盾之后，班级中开始出现了对于小白的议论。辅导员得知这一情况之后，与班主任商量，在班级内召开了一次解决宿舍矛盾为主题的班会，详细讲解了当宿舍出现矛盾时如何化解、沟通、换位思考，以及人际交往中互相包容的重要性。班会结束之后，辅导员找到了小白新的舍友，就如何和小白继续相处开展了谈心谈话。经过定期沟通与协调，小白和班级同学关系逐渐融洽。

三、学生工作方法总结

1. **辅导员要告诫学生珍惜大学生活，珍惜同宿舍同学情谊**。辅导员在对学生进行日常管理教育时，要给学生传递积极向上的思想，告诉他们大学生活是人生中一段弥足珍贵的经历，更是一个提升自我的舞台，而宿舍生活在大学生活中具有极其重要的作用，营造温馨和谐的宿舍环境，能够使大学生活充满阳光和快乐。在学校不仅要学会如何学习、生活，更要学会如何与人相处，要懂得包容他人，尤其是当不同民族、不同地域的同学同住一个宿舍时，更需要学会互相尊重。如要尊重少数民族同学的生活习惯和民族风俗等。这样才能构建一个良好的宿舍关系，有利于宿舍同学共同成长进步，而关系不和、气氛紧张的宿舍氛围只会给学习和生活带来严重的负面影响。

2. 辅导员在日常工作中，要随时了解学生的心理动态，培养学生人际交往能力。辅导员工作不仅限于办公室和班级，更要深入每个宿舍，掌握学生实时动态，预防问题发生。同时，也要积极关注学生的网上动态，全面掌握学生的心理动态，通过互动也能让师生感情更为亲密，学生间友谊更加深厚。不管以何种方式深入了解学生，在和学生的相处过程中，要给予学生足够的耐心和关心，让学生增加对老师的信任，体会到老师对他的关爱，同时要培养学生人际交往能力。

3. 辅导员可以采用个体教育和集体教育相结合的原则。对学生进行个体教育时，能兼顾集体教育；对集体教育时，也能通过集体教育影响到个人。以本案例为例，当班集体中某个宿舍出现问题时，除了解决该宿舍存在的问题，还要以小见大，对整个班集体进行集体教育，引导每个学生处理好宿舍关系，增进感情彼此。在集体教育过程中，也能正确引导学生个体去发现自身的优势和不足，扬长避短，加以改善和提升。

4. 辅导员可以发挥党员以及班干力量，关注宿舍生活，并定期汇报。让班级的党员以及班干们关注该宿舍，对该宿舍的同学进行帮助。同时，也多关注班级的其他宿舍，并定期汇报，通过他们辅导员可以了解更多学生宿舍生活情况，对可能发生的事情进行提前干预。此外，指导班干们多开展相关主题的团日活动等，引导学生处理好宿舍关系，帮助同学们相互了解，增进感情，创建和谐宿舍。

第八章 理论与实践研究篇

本章涵盖理论学习与实践研究。高校辅导员要引导学生聚焦党的最新理论成果，聚焦思想政治教育理论和实践前沿，在实践中检验和发展，结合思政教育工作实际，遵循思政教育规律，做到真学真悟真行动。

案例五十八 辅导员如何提升自己

一、辅导员的故事

左老师是某大学的辅导员，20 多年始终坚守在辅导员岗位上。在多年工作中，紧紧围绕“立德树人”根本任务，坚持为党育人、为国育才。

在学生培养方面，左老师致力于培养“三观”正、责任感强、敢于担当的学生，注重引领大学生在思想上不断坚定道路自信、理论自信、制度自信、文化自信，致力于大学生红色教育。重视“三困”学生相关工作，坚持“不让一个学生掉队”的理念，组织实施 1+1 帮扶“助学攻坚”服务行动，倾情帮助学业有困难、心理有困惑、经济有困难的学生。此外，左老师还重视环境熏陶、文化育人，凝练院训院徽，打造楼宇文化，积极指导大学生科创项目等多种大学生竞赛活动，并获得多项荣誉，学院创新创业氛围浓厚。

在科研工作方面，左老师注重个人素质和科研能力的提升。左老师曾主持部级、厅级和校级多项课题，并以第一作者身份在《国家行政教育学院学报》等省级期刊上公开发表学术论文十几篇。2023 年，左老师成功荣获年度“省级最美辅导员”光荣称号。作为高校辅导员，应如何提升综合素质，促进自我发展?

二、辅导员的坚持

左老师获得 2023 年度“省级最美辅导员”的荣誉，是 20 多年始终如一坚持“学生为本、不忘初心”的工作信念的结果，也是对他 20 多年工作坚持与积累的肯定。

1. **以人为本的育人观**。以人为本的教育观是当今教育必须贯彻的理念，该理念主要是将人放在首要位置，按照人的自然发展规律，提高其潜能促使其全面发展，与人文情怀的教育观不谋而合。左老师永远把学生放在心中，全面关心学生的生活、学习、科研。秉持“以人为本”的育人理念，把握学生成长规律，带头服务师生。习惯从学生角度思考问题，开展工作，与学生之间关系融洽。左老师聚焦思想引领、文化涵育、素质拓展、就业创业、心理健康教育等，潜心对学生实施“精英化”培养，让优秀的学生更优秀，让学业暂时落后的学生“不掉队”。近年来，毕业生受到用人单位欢迎和好评，就业率持续保持 100%。

2. **奋勇当先的责任观**。奋斗在思想政治教育工作一线的辅导员，要锤炼品格，努力成为塑造学生品格、品行、品位的“大先生”，更要勇于担当。疫情期间，左老师坚决贯彻落实上级和学校学院疫情防控工作部署，带领辅导员团队坚守学院疫情防控第一线，做到始终在前、在岗、在线，用实际行动践行立德树人的初心和使命。从人员数据摸排到网格化管理，从防控问卷调查到学生心理疏导，从线上学习到线下辅导，都亲自参与。为使学生学习不掉队，左老师开展疫情防控期间“云课堂”等活动，被《人民日报》官微、《新华日报》、《科技日报》、《中国水利报》、江苏教育电视台、“学习强国”等媒体平台先后报道 20 余次。

3. **终身学习的人生观**。《普通高等学校辅导员队伍建设规定》中明确提出辅导员要树立终身学习的理念。作为学生思想教育的重要引导者，辅导员要不断更新自己的知识体系，掌握最新的教育理念和方法，不断提高自身的知识储备和文化素养。在全心全意为同学们服务的同时，左老师依旧坚持在自己的科研领域深入研究学习，考取博士研究生，主持多项部级、厅级和校级课题，先后在各省级刊物发表多篇论文。

三、辅导员的发展

辅导员自身发展是一个持续不断的过程，涉及多个方面，包括技能提升、心理辅导能力、自我反思等。

1. **辅导员要遵从《普通高等学校辅导员队伍建设规定》，以学生为本，做好学生工作的同时，深耕自我专业领域。**《普通高等学校辅导员队伍建设规定》是我国高等教育领域的一项重要法规，旨在规范辅导员队伍的建设与管理，促进辅导员队伍的专业化、职业化，为高等教育事业提供坚实支撑，规定了辅导员的九大职责。高校辅导员需要遵循该规定，做到、做对、做好学生工作，积极为学生服务。同时，辅导员要树立终生学习的理念。教育是个人一生中连续不断的学习过程，是人们在一生中所受到的各种培养的总和。时代不断变化，技术日新月异，作为受过高等教育的辅导员群体，更要走在科学前沿。

2. **辅导员要提升自身的心理素质，优化沟通技巧，更好地关注学生个体发展。**辅导员在面对学生时，常常需要处理各种突发情况，因此需要增强耐心、同理心，通过学习心理辅导、压力管理等方面知识，提升自身的心理素质和应对能力。与学生进行有效的沟通是辅导员的基本能力，运用非语言沟通技巧、倾听技巧等，准确理解学生的需求和问题。用良好的耐心建立有效的沟通，更好地关注每个学生的个体发展，了解他们的兴趣、特长和困惑，有针对性指导学生实现全面发展。

3. **加强团队间协作能力，及时自我反思与总结。**辅导员需要与其他教师、家长等建立良好的合作关系，共同为学生的成长提供支持。通过加强团队协作，实现资源共享和优势互补，提升辅导效果。同时，需要定期对自己的工作进行反思和总结，找出自己的不足和需要改进的地方。通过自我反思和总结，不断提升自己的专业水平和综合素质。

总之，辅导员自身发展是一个持续不断的过程，需要保持学习的热情和动力，不断提升自己的专业水平和综合素质。以人为本，更好地履行辅导员的职责，为学生的成长和发展提供有力的支持。

案例五十九 如何培养学生干部

一、学生遇到的问题

学院学生会主席等学生干部在学生群体中扮演着“领头羊”和“排头雁”的角色，他们的表现不仅关乎学生自治的成效，更直接影响到辅导员日常工作的顺利推进。学生干部的优秀表现能够为学生群体树立榜样，促进良好的学风建设，减轻辅导员的工作负担，使辅导员能够更专注于学生成长的宏观指导。

辅导员在选拔学生干部时，通常会注重学生的实践能力、号召力和良好口碑等方面，以确保选出的干部能够真正起到带头作用。这种选拔机制在一定程度上保证了学生干部队伍的良好素质和工作能力。但是，对于艺体类学生而言，如何在繁重的课业压力及专业实践下，平衡好工作与学习，着实是一件让学生干部头疼的问题。特别是那些工作表现非常优秀的学生，却因为成绩问题而无缘各种奖项，因此感到十分迷茫。该如何应对和解决这类问题呢?

二、辅导员的处理

针对这一问题，辅导员应当迅速采取一系列有效措施，以切实提升学生干部的学习成绩。辅导员应及时与学生沟通，针对学生在学习上遇到的困难和问题进行有针对性的指导，帮助他们找到适合自己的学习方法。此外，还可以通过举办学习经验分享会等形式，引导学生干部们互相学习、交流心得，从而激发他们的学习兴趣和动力。

1. **加强学生干部的思想教育工作**。通过一系列教育活动引导学生干部深刻认识到，除了提高思想觉悟、增强服务意识之外，更要努力学习专业知识，以知识赋能，全方位提升自己的核心竞争力，从而帮助他们树立正确的学习观念。

2. **为学生干部提供个性化学习指导**。针对学生干部的学习特点，制订切实可行的学习计划。辅导员可以通过联系任课老师以进一步了解学生干部在课堂上的表现，根据专业特点给予一些针对性的指导意见。同时也可以联系班级内学习成绩优秀的学生，形成帮扶学习小组，通过朋辈带动的方式帮助学生干部保持良好的学习习惯。

3. **建立激励机制**。通过设立奖学金、优秀学生干部评选等方式，激励学生干部重视专业学习，提高学习成绩。在评奖过程中充分发挥榜样引领作用，请学习成绩优异的学生干部分享学习方法，如何平衡工作与学习，引导学生干部不断学习和进步，保持学生干部队伍的良好学习氛围。

在以上措施的基础上，辅导员要经常下宿舍、下班级，通过在润物无声的交流沟通中，赢得学生的信任。通过与学生干部建立起亦师亦友的亲密关系，使他们更愿意跟随辅导员的脚步。需要让学生干部深刻理解，这些措施的实施旨在激励他们坚持不懈地努力，相信他们定能取得学生工作和学业成绩的双赢，从而在同学中发挥更大的榜样引领作用。

三、学生工作方法总结

学生干部在班级管理和发展中起着至关重要的作用，他们不仅是老师的得力助手，更是班级凝聚力和向心力的核心。一个优秀的学生干部，能够顶起班级的“半边天”，为班级的整体进步和发展提供强有力的支持。因此，在培养学生干部时，必须高度重视选拔工作，确保选拔出的学生干部具备任职的硬性指标以及领导才能和责任心。

1. **深入了解学生**。在学生入校之初，应该进行深入的走访调查，全面了解每位学生的性格、特长、兴趣爱好以及家庭背景等方面的信息。这样可以帮助我们更准确地评估学生的潜力和能力，为后续的班干部选拔提供有力的依据。同时，还应结合学生的文化成绩和综合表现来确定班级的班干部，确保选拔出的学生干部不仅具备扎实的学科知识，还具有良好的人际交往能力和组织协调能力。

2. **建立班干部考核制度**。为了保障学生干部的工作质量和效率，还应建立学生干部考核制度。通过定期对学生干部的工作进行评估和考核，可以及时发现并纠正工作中存在的问题和不足，激励学生干部不断改进和提高自己的工作能力。同时，考核制度还能增强学生的责任感和使命感，使他们更加珍惜和重视自己的班干部身份。

总之，在培养学生干部时，要守好选拔关，确保选拔出的学生干部具备领导才能和责任心。同时，还要建立班干部考核制度，保障学生干部的工作质量和效率。重中之重，对学生干部的发展持续跟踪，让学生干部不仅在工作上表现优秀，学业成绩也能名列前茅。只有这样，才能充分发挥学生干部的作用，为班级的整体进步和发展提供强有力的支持。

案例六十 事事有回应 建议成就双赢

一、学生遇到的问题

寒假还没有结束，辅导员老师却突然接到了小张同学的电话。小张同学是一位大四学生，在校期间表现优异，成绩优良，积极参与校、院的各种活动。电话中，小张表明了自己现在想要去参军的决定，请求辅导员协助准备相关材料，以便顺利入伍。但鉴于学校正值假期，材料调阅成了一大难题。于是，辅导员与小张商定了最近的值班日，并就小张同学的目前情况进行了详细的沟通。

此外，经过查阅相关政策，辅导员了解到大学生征兵分为春招和秋招。对于即将毕业的小张来说，若选择春招，则只能以高中毕业生的身份入伍，待兵役结束后还需回到学校完成学业。而若选择秋招，他便能以本科学历入伍。辅导员应如何积极响应学生诉求，推进大学生入伍工作?

二、辅导员的处理

青年强，则国家强，参军报国既是磨砺人生、实现抱负的重要选择，更是热爱祖国、报效国家的高尚行为。2017 年教育部颁布的《普通高等学校辅导员队伍建设规定》中，第八条指出：“为学生提供科学的职业生涯规划和就业指导以及相关服务，帮助学生树立正确的就业观念，引导学生到基层、到西部、到祖国最需要的地方建功立业。”

在寒假期间，小张同学因为春招入伍需要材料联系辅导员，辅导员在第一时间对寻求帮助的小张学生施以援手，符合辅导员日常事务管理职责。

辅导员在了解到小张同学的需求后，积极主动地联系相关部门，帮助小张同学尽快完成了所有材料的准备与审核，顺利地帮助小张同学获取春招入伍的所需材料。

最后，辅导员在整理完材料后，没有就此止步，而是对大学生征兵政策进行翔实的了解，给小张同学提供其他建议。辅导员跟小张同学再次详细地介绍了入伍的政策，建议其考虑参加秋招入伍，先完成本科学业。小张同学听后决定听从辅导员的建议。小张同学虽然一直抱有入伍的想法，但没有对入伍的时间点进行清晰规划，辅导员通过阅读相应的政策文件，根据小张同学自身情况，给小张同学规划出一条双赢的征兵路。半年后，他顺利毕业，取得了本科毕业证书与学士学位证书，并且成功通过秋招入伍，实现了他保家卫国的梦想。

三、学生工作方法总结

中共中央、国务院发出的《关于进一步加强和改进大学生思想政治教育的意见》和教育部发布的《普通高等学校辅导员队伍建设规定》是辅导员工作的基本指导文件。文件强调高校辅导员的基本职责是从事思想政治教育工作，辅导员应努力成为大学生的人生导师和知心朋友。要对学生的三观进行教育，加强生活学业和就业指导，同时，积极处理学生日常事务。大学生参军入伍属于基层就业中的一类，辅导员在日常开展大学生职业规划与就业创业指导工作中，要将大学生征兵工作作为一项重要政治任务。

1. **树立“学生工作无小事”的信念**。在面对学生主动寻求帮助时，辅导员要做到不忽视、不拖拉、不随意，辅导员是学生在高校的“大家长”，学生信任辅导员，辅导员关爱学生，双方相互成就。

2. **对学生进行思想政治教育**。辅导员在开展大学生征兵工作中，需要对大学生进行国防教育，这是思想政治教育的重要内容，且具有战略意义，有利于培养大学生的爱国主义精神，帮助大学生树立正确的世界观、人生观和价值观，还可以提高大学生重视体育锻炼的意识，进而提高大学生的综合素质。

3. **充分了解相关征兵信息**。辅导员需要向学生解读征兵政策，包括征兵条件、享有优待政策等，时刻关注个人征兵诉求。高校毕业生应征入伍服义务兵役，享有“四个优先”政策，即优先报名应征、优先体检政审、优先审批定兵、优先安排使用。此外，家庭按规定享受军属待遇，还享受学费补偿和国家助学贷款代偿、退役后考学升学优惠等政策。帮助有意愿的同学，从学生自身情况出发，规划适合的入伍方案，不辜负每一位爱国青年。

案例六十一 如何缓解师生紧张关系

一、学生遇到的问题

某高校内，研究生小沈与其导师的关系日益紧张。该导师是学术界的权威，但是对学生要求严格，平时对小沈研究进度和质量要求较高。小沈性格较为内向，遇到学术问题不善于跟导师沟通。两人由于性格和沟通方式上的差异，逐渐产生了隔阂。随着研究的深入，他发现自己的兴趣与导师的预期有所出入，想要选择另一个研究领域，而导师则希望小沈能够专注此研究领域，双方多次沟通，但始终未能达成一致。

据同组学生透露，该导师会因为学术态度和研究进度在学术会议上对小沈进行公开批评。小沈认为这样公开批评过于严厉，而导师认为这是鞭策和激励学生的有效方式。因为双方对彼此的期望和理解存在偏差，小沈开始逃避与老师和同组同学的交流，实验和组会也经常缺席。导师由此认为小沈缺乏学习的积极性和主动性，师生二人沟通越来越困难，关系进一步恶化。当师生间缺乏有效的沟通导致关系紧张，辅导员应如何有效缓解师生矛盾?

二、辅导员的处理

这是由于沟通障碍、学术期望差异、性格不合等因素引起的师生矛盾典型案例。在学术研究的过程中，导师与学生之间的关系至关重要。然而，由于性格不合、期望不同等原因，有时双方会产生矛盾和冲突。师生矛盾不仅会影响学术研究的进度，还可能对双方的心理健康和职业发展带来负面影响。因此，制定一套有效的矛盾解决策略至关重要。

1. **安抚情绪深入了解，建立信任关系**。案例中出现的师生间相互不理解是由于缺乏有效的沟通机制，面对这种情况，需要通过定期的沟通交流，及时分享彼此的想法和感受，增进相互了解，减少误解和偏见。无论导师和学生都应主动了解对方沟通风格、学术追求，认识到每个人在性格、学术观点、工作方法等方面存在差异，以便更好地理解彼此，尊重对方，不将自己的观点强加于人，不带情绪地做实验研究，也对个人成长大有裨益。

2. **调整研究方向与进度，协商制定要求和标准**。在充分沟通的基础上，双方可以尝试寻找一个平衡点，既能满足导师的研究需求，又能兼顾小沈的个人发展和兴趣。同时，导师可以根据小沈的实际情况，适当调整对他的工作负荷和进度要求，确保他能够在保证研究质量的前提下，保持身心健康。导师应明确研究目标和要求，同时考虑到学生的实际情况和能力，制订合理的研究计划和进度。学生在主动与导师沟通中，表达自己的困惑和难点，争取得到导师的理解和支持。在平时组会，可以及时交流研究进展和遇到的问题，鼓励开放、坦诚的沟通氛围，双方共同协商，制订具体可行的工作计划和时间表，确保研究工作能够顺利进行，有效避免误解和冲突。

3. **寻求外部支持，调整心态**。当双方无法自行解决矛盾时，可以邀请其他老师或工作人员作为第三方进行调解，帮助双方客观分析问题，提出解决方案，促进双方和解。若心态无法调整、沟通无效，可以向学校心理健康教育咨询中心寻求帮助，提供相关的心理辅导和沟通技巧培训，帮助导师和学生更好地处理彼此间的关系，提升沟通效果。

三、学生工作方法总结

师生关系紧张、存在矛盾是学习、学术研究过程中不可避免的问题，处理两者关系矛盾也是较复杂的一项任务，不及时处理与处理不当都可能导致一系列负面后果，这些后果不仅影响学生的学习效果和身心健康，还可能对教师的教学工作以及整个教育环境造成不良影响。

对于学生而言，紧张的师生关系可能导致学生产生心理压力和焦虑情绪，也可能影响学生的社交能力和人际关系。面对导师的批评，逐渐退缩、内向，不敢表达自己的观点和想法，这会导致他们在与同学、朋友甚至家人交往时也出现障碍。对于导师而言，也会因为与学生的矛盾而感到沮丧，影响他们的教学热情和教学效果。因此遇到师生关系紧张问题，双方应该积极沟通、尊重差异，找出问题根源，寻求解决方案；建立规则与制度，以缓解紧张关系并促进双方的共同发展；共同反思与改进，倡导理解与包容，相互尊重和信任，共同努力营造一个良好的教育环境。

案例六十二 电影沙龙拓宽学生视野

一、学生遇到的问题

电影沙龙作为一种富有创意和吸引力的活动形式，能够激发大学生的兴趣。通过观赏不同类型的电影，大学生们能够接触到不同的文化、思想和价值观，从而拓宽他们的视野和认知。这种跨文化的交流有助于培养大学生的开放思维和包容心态，形成正确的世界观和价值观。近期，某学院组织了两场关于《肖申克的救赎》和《垫底辣妹》的电影观影活动。如何通过电影沙龙活动，将思想政治教育工作寓教于乐？

二、辅导员的处理

在影片放映前，辅导员或组织者会进行简短的开场致辞，介绍活动的目的、流程和注意事项，让同学们对沙龙活动的流程有个基本了解。

在《肖申克的救赎》的观影过程中，师生们共同见证了主人公安迪在监狱中展现出的坚忍与智慧。他建立的图书馆为监狱带来了精神食粮，他与瑞德之间的深厚友谊，都深深触动了在场每一位观众的心灵。影片所传达的关于希望、自由与救赎的深刻内涵，引发了学生们对生活的深刻反思。

而《垫底辣妹》则是一部励志的电影。影片中的女主角通过不懈的努力和坚持，最终实现了自己的梦想。生活和学习中总会有一些质疑的声音，如何在这嘈杂的质疑声中坚持本心，坚持向着自己的梦想一步步扎实地迈进非常重要。“知道了努力的快乐，便看到了未来的希望。”当自己有了目标、有了梦想之后，接下来要做的就是努力和坚持。

观影结束后，辅导员组织学生进行讨论，并鼓励大家分享对影片的感受和理解，讨论影片的主题、剧情、人物塑造、视觉效果等各个方面。不同于一般的电影沙龙活动，辅导员在开展这一环节前需要精心设计，这样才能让学生敞开怀抱，畅所欲言，增加活动的“深度”。

在沙龙活动即将结束时，辅导员进行总结，概括本次沙龙的主要内容和亮点，并感谢所有参与者分享自己观影的感悟和心得。同时，预告下一次沙龙活动的主题和时间，以寓教于乐的方式推进思想政治教育工作，让学生在轻松愉快的氛围中接受教育和启迪。

三、学生工作方法总结

1. **电影沙龙可以激发大学生的情感共鸣**。电影沙龙作为一种直观而富有艺术感染力的活动，能够用生动的故事情节和形象的人物塑造，激发大学生的情感共鸣。这种情感共鸣不仅能够帮助大学生更深入地理解电影所传达的思想和价值观，还能够引导他们反思自己的行为和态度，从而增强他们的道德意识和责任感。

2. **电影沙龙为大学生提供了一个开放而包容的交流平台**。在沙龙中，大学生可以围绕电影的主题、情节、人物等进行深入的讨论和交流，分享彼此的观点和感受。这种交流不仅能够拓宽他们的思维，还能够培养他们的独立思考能力，使他们在面对复杂的社会问题时能够做出明智的判断和选择。

3. **电影沙龙还能够丰富大学生的校园文化生活**。通过举办多样化的电影沙龙活动，可以为大学生提供一个轻松、愉悦的文化氛围，缓解他们的学习压力，提升他们的文化素养和审美能力。

案例六十三 情系校园 文明离校

一、学生遇到的问题

在毕业季即将到来之际，为了提高毕业生的文明素养，促进校园文明建设，高校应对毕业生进行离校教育，这对于毕业生未来的发展具有重要影响。及时的离校教育可以帮助毕业生明确职业规划和发展方向，提升毕业生的就业竞争力和社会适应能力。如何让学生更好地传承校园文化、弘扬大学精神，同时加强毕业生与母校之间的联系，促进校友合作与交流?

二、辅导员的处理

在庄重而温馨的离校仪式中，辅导员引导毕业生回顾了宝贵的大学时光，表彰表现卓越的优秀学子，传递大学的理念和精神。这一活动不仅加深了毕业生对母校的深厚情感，而且激励着他们以积极向上的心态迎接即将到来的挑战。

为进一步加强毕业生与母校之间的纽带，辅导员可以完善校友联络平台，这样不仅为校友们提供了一个交流经验、分享资源的机会，还可促进校友之间的合作，加强学校的凝聚力。校友们通过定期聚会、在线论坛和专业的网络社交工具，能够轻松地保持联系，分享职业发展心得，甚至找到合作的机会。此外，校友联络平台也为校友提供了继续教育和职业发展的资源，如在线课程、行业研讨会和职业咨询服务，使毕业生即使在离开校园后，也能继续享受母校提供的丰富资源和广阔视野。通过校友联络平台，毕业生能够深深地感受到母校的关怀和支持，同时也能够为母校的发展贡献自己的力量，形成一个互惠互利的长期关系。

在教育工作过程中还可以组织一系列的宣传教育活动，包括座谈会、专题讲座和心理辅导等，旨在帮助毕业生树立正确的离校态度，提升他们的文明素养和人文关怀。同时，辅导员也应强化对毕业生的法治教育，提醒他们在离校过程中要遵守法律法规，以文明的方式离开校园，为他们以后的社会生活打下坚实的基础。

辅导员可以通过离校座谈会邀请学校领导和教师与毕业生进行交流，了解他们的毕业感受、未来规划以及对母校的建议和期望，这些反馈为学校未来的教育工作提供了宝贵的参考。通过这些措施，相信毕业生们能够更好更快适应社会生活，实现自身梦想。

三、学生工作方法总结

毕业生的离校教育形式需要根据具体的校情而定，但在这个过程当中可以围绕以下几方面开展。

1. **根据就业市场和行业发展趋势，不断更新和丰富教育内容，增加对新兴行业和职业领域的关注和教育**。此外，注重培养学生的创新思维和创业精神，以适应不断变化的社会需求。

2. **创新教育方式，采用多种教育方式和手段，如案例分析、角色扮演、模拟面试等，增强教育的实践性和互动性**。同时，利用互联网和新媒体技术，开展在线教育和远程教育，方便学生随时随地学习。

3. **加强爱校荣校教育，开展爱校荣校教育至关重要，它能唤起毕业生的归属感与责任感**。学校不仅是求知的圣地，更是塑造品格的摇篮，爱校荣校教育，有助于毕业生们树立正确的价值观，增强集体荣誉感，意义重大。

4. **加强与企业的合作，与企业建立紧密的合作关系，共同开展毕业教育工作**。邀请企业参与教育内容的制定和实施，为学生提供更多的实践机会和就业资源。同时，通过企业反馈和评估结果，不断改进和优化毕业教育工作。

离校生毕业教育是一项重要而复杂的工作，需要学校、企业和社会各方面的共同努力。通过不断完善和优化毕业教育工作，可以更好地帮助学生适应社会和职场的需求，实现个人价值和社会价值的双赢。

案例六十四 新生报到 助力起航

一、学生遇到的问题

随着新学年的开始，一批充满朝气的新生踏入了大学校园。然而，从高中到大学的过渡并非一帆风顺，学生们在面对新的学习环境、生活环境和社交环境时，往往会遇到一系列的适应问题。

新生入学教育是引导他们顺利开启大学生活的重要环节。如何结合学生专业情况开展新生教育活动，帮助新生更好融入大学环境？

二、辅导员的处理

辅导员需要组织一系列新生入学教育活动，帮助新生明确学习目标，并培养良好的学习和生活习惯。新生入学教育的目标有以下几个方面：帮助新生了解大学的学习、生活环境和规章制度；引导新生明确学习目标，制订合理的学习计划；培养新生的自我管理和自我约束能力；促进新生之间的交流和合作，增强集体凝聚力。

辅导员在开展新生入学教育的时候可以从以下几个方面开展。

1. **校园导览**。组织新生参加校园导览活动，由学长学姐带领他们参观校园，介绍校园文化和规章制度。

2. **入学教育讲座**。邀请学校领导和资深教师为新生举办入学教育讲座，介绍大学的学习特点、学习方法以及大学生活的各个方面。

3. **团队建设活动**。组织一系列团队建设活动，如破冰游戏、团队拓展等，促进新生之间的交流，培养他们的团队精神和集体荣誉感。

4. **学习经验分享会**。邀请学习优秀的学长学姐为新生分享学习经验和技巧，帮助他们更好地适应大学学习生活。

5. **心理健康辅导**。邀请专业心理咨询师为新生提供心理健康辅导，帮助他们缓解入学焦虑，增强心理承受能力。

辅导员还可开展成效评估工作，通过问卷调查、日常观察和个案访谈等方式，了解新生的学习生活状态，及时给予帮助和支持，使辅导员的工作更加有针对性和实效性。

三、学生工作方法总结

1. **注重个体差异，因材施教**。作为辅导员要更加意识到每个学生都是一个独立的个体，他们有着不同的成长背景、性格特点和兴趣爱好。因此，在辅导过程中，辅导员需要更加注重个体差异，因材施教。辅导员要深入了解每个学生的具体情况，为他们提供个性化的指导和帮助，让他们在入学之初就能感受到学校的温暖和关怀。

2. **强化价值观引导，培养学生全面发展**。入学教育是培养学生正确价值观的重要时期。辅导员应通过入学教育引导学生树立正确的世界观、人生观和价值观，培养他们的社会责任感、创新精神和团队合作能力。同时，还要关注学生的全面发展，注重培养他们的综合素质，让他们在学术、体育、艺术等方面都能有所收获。

3. **加强家校沟通，形成教育合力**。

入学教育不仅仅是学校的事情，也需要家长的积极参与和支持。辅导员应加强与家长的沟通，及时反馈学生在校的表现，听取家长的意见和建议，形成教育合力。这样，才能更好地了解学生的需求，为他们提供更加精准和有效的辅导，助力他们健康成长。

案例六十五 对“问题学生”如何因材施教

一、学生遇到的问题

王同学是一位北方小伙，高考考入了南方一所高校。在进入大学后，他难以适应新的环境，生活习惯也变得十分不规律。而且个人卫生较差，导致宿舍异味较重。由于卫生问题，他与宿舍同学之间的关系较为紧张。经辅导员、同学多次劝说，他依旧我行我素。辅导员及时联系了他的父母，父母也无力管教。

除此之外，王同学想法比较偏颇，因考入的大学不是自己心仪大学，课业上比较懈怠。大一结束之后，他申请休学创业，在外组建自己的创业团体，刚开始业务还算顺利，后因为新冠疫情，创业项目受到冲击，两年后复学。在休学创业期间，王同学并没有扭转学业观念，个人卫生状况以及对学业的心态并未得到改善，反而“社会化”气息更为严重，其父母深感无力管教。对于王同学这样的“问题学生”，如何换位思考、因材施教？

二、辅导员的处理

宿舍文明是高校学生生活中的一个重要部分，辅导员在发现王同学卫生习惯较差，已经引起宿舍成员之间关系紧张时，及时与他展开了谈话，引导他改善自己的生活习惯。同时辅导员积极发挥朋辈力量，和王同学的室友、同班同学进行沟通，让大家在生活中以及学习上给予他关心与帮助。

另外，辅导员也与学生家长取得联系，并进行定期沟通，开展家校结合的教育方式，让其家长得知他在学校的日常情况及表现。由于该学生个性较为独特，在大一学年结束后，在尊重本人意愿以及家长知晓的情况下，学院为他办理了休学。在休学期间，辅导员使用微信、电话等多种形式与王同学保持密切联系，并经常关注其微信朋友圈，了解他近期的工作、生活和思想动态，给予他关心和鼓励。

在王同学复学后，针对他的个人情况，辅导员定期与他谈话，并给予个性化建议。辅导员通过与他沟通交流，以及与其父母协商，为其办理校外走读。但是，尽管办理了校外走读，王同学还是无法投入学业中，后自感已无法适应校园生活，决定退学。在其决定退学后，辅导员第一时间将其欲退学的情况向其家长及学院领导汇报，经过沟通协商，最终王同学办理了退学手续。

三、学生工作方法总结

1. 倾心教育，家校合作。对于个性鲜明的学生，辅导员要积极与其谈心谈话，了解学生思想动态，解开学生问题产生的原因，并积极与学生家长进行沟通，可以家访，了解学生思想波动原因。辅导员不能肤浅地了解表面现象，要深入学生内心，让学生敞开心扉。辅导员与家长要相互配合，想办法调动学生的学习积极性，让学生有一个好的大学生活。

2. 转换角度，与学生共情，为学生着想。学生退学的决定，是在其与辅导员长期密切沟通中逐渐形成的，是经过深思熟虑做出的决定。辅导员对其无论生活、学习还是工作的情况都比较了解的情况下，应站在学生的角度考虑问题，为学生解疑释惑，拉近与学生的距离，提高谈心谈话效果。每一只小鸟都有属于自己的一片森林，王同学在进入大学后不适应学校生活，辅导员要寻找最适合学生的解决问题方案，尊重、理解学生个人意愿。

案例六十六 化被动为主动 我要听讲座

一、学生遇到的问题

为提高大学生的道德素养，引导学生以后的人生发展，帮助他们更好地适应社会，高校经常开展不同类型的讲座。但学生对参加讲座的积极性并不是很高，讲座的上座率是大学的重点关注数据。为了讲座的上座率，偶尔高校会对学生进行强制要求。尽管现在情况有所改善，但学生仍处于极为被动的位置，听讲座的积极性没有被调动起来。如何让学生改善对讲座的态度，由被动听转化为主动学？

二、辅导员的处理

为了使学生积极参加校园讲座，辅导员不仅要通过奖惩机制“治标”，也要通过提高讲座质量、丰富讲座内容等“治本”。两者同时进行，借以改善学生对讲座的态度，由被动接受化为主动学习。

1. **辅导员针对该情况可以使用强制的手段要求学生参加**。高考结束后进入高校的学生，对于电子设备的使用达到高度的自由，沉迷于小视频、游戏等多种娱乐形式，自我约束能力还未完全形成，自制力较为薄弱。此时，需要辅导员用强力的手段进行监督管理，帮助学生牢固树立正确的三观，养成良好的学习生活习惯，鼓励学生参加多种课外讲座，营造浓厚的学习氛围。

2. **辅导员在运用强制手段达到一定的效果后，可以设置一定的参与讲座奖励制度**。强制手段虽然使讲座的上座率提高，但是学生对于讲座的态度并未有太多的改变，只是换了一个地点继续做“低头族”，未通过听讲座而有所收获。设置奖励制度，对参加讲座的学生增加相应的学分，甚至在讲座现场给学生准备一些小礼品等，使学生对讲座的态度逐步改善，甚至主动报名要求参加讲座，讲座上座率逐步攀升，学生在讲座中的互动率也逐渐提高。

3. **辅导员结合时下热点以及学生的喜好、面临的现状等，举办有较强针对性、实用性的讲座**。讲座的上座率不能仅靠奖惩制度，讲座的内容才是上座率的关键。好的讲座主题不仅能够吸引学生，同时也可以为学生答疑解惑，帮助学生规划人生发展、道路选择。跟随时代的步伐，关注实时新闻、热点话题，有助于学生获得最新的资讯，有利于引导培养学生正确三观。可以邀请学生喜爱的对象，如华人神探李昌钰、法医秦明等拓宽学生的视野，普及学生对于不同职业的知识。这些讲座信息一经发布就大受欢迎，讲座现场气氛热烈，场内人员爆满，同学们纷纷表示收获颇丰。

三、学生工作方法总结

开展校园讲座对于培养大学生的人文精神具有潜移默化的影响。不定期地向学生讲授与学科有关的科学趣闻或新的发现，可以扩大学生知识广度。同时，讲座也会向学生传授某方面的知识、技巧，提升学生的能力，改善学生的心态。但是，高校学生参加讲座积极性不高的情况在高校屡见不鲜，使学生积极主动参加讲座，是辅导员的基本职责。

1. **建立奖惩措施**。PU 口袋校园是针对高校大学生实行实名制的互联网平台，使用 PU 口袋校园积极开展第二课堂，并增加相应的学分设置。学生可以通过在线参加活动获得第二课堂的学分，引导学生投身各类实践活动，全面提升综合素质。对于奖学金的评选，可以适度结合第二课堂学分数据，正面引导学生参与讲座。

2. **深入了解学生生活**。辅导员应主动与学生交流，从学生获悉他们感兴趣的话题，为不同话题讲座的开展奠定良好的基础。全面了解学生，是辅导员做好学生工作的第一步，也是做好学生工作的基础。讲座的听众是学生，要听到学生的声音，从学生出发，选择讲座的话题、内容。

3. **举办高质量的讲座，吸引学生主动参与**。活动形式单一、内容枯燥老套的讲座无法吸引学生，也就无法真正传授给学生知识。所以，应立足当下的时事热点话题，结合学生的意见，丰富讲座内容，创新讲座形式，举办高质量的讲座，吸引学生主动参与。

案例六十七 如何推进党、团、班一体化建设

一、学生遇到的问题

党、团、班一体化建设本质是加强党对教育事业各项工作的全面领导，根本目的是充分发挥思想政治教育的引领作用，提升高校育人效能，调动学生自我管理、自我服务以及自我教育的能动性。

在党、团、班一体化建设中，部分学生干部还存在着“班是班、团是团”的思维定式，在思想上还会将班级、团支部、党支部割裂开来，党团班定位模糊，整体意识较为淡薄。且某些学院由于专业设置不同，在考研时不仅要面临和其他专业学生相同的文化课考试，还要准备专业课的相关考试，这就给学生带来了一定的考学压力。

在日常生活、学习中，学生党支部与班级之间的沟通交流还不够多。在高校“一站式”学生社区综合管理下，个别学院面临着本科低年级班级中学生党员较少的情况，学生党支部的先锋模范作用无法发挥完全。另外，对于研究生班级来说，由于专业培养深度、广度都较本科有明显提高，不仅有公共文化课、理论课，还有专业实践类相关课程，学生分身乏术。忙碌的研究生生活导致学生党员与团支部、班级的联系不够紧密。如何拓宽党建带团建的范围，使其发挥引领作用、形成有效联动？

二、辅导员的处理

高校党、团、班一体化建设是共青团中央改革创新高校共青团工作的重点内容，在激发班团创造力的同时，也提升了高校思想政治教育工作的针对

性和实效性。经分析，该党支部所存在的具体问题有如下几个方面。

1. **组织协调联动能力不高**。为了推动党团班一体化建设工作的深入开展，需要建立一个高效的组织协调机制。这个机制应包括定期召开党团班联席会议、制订工作计划、明确任务分工等。通过加强组织协调联运能力，确保各方能够充分沟通、协作，形成工作合力。为了提高党团班成员的一体化建设意识和能力，学院需要加强培训与交流，组织定期的培训班、研讨会等，让成员们了解一体化工作的重要性、任务和要求。同时，开展交流活动，让不同部门、不同岗位的成员能够相互学习、借鉴经验，共同提高工作水平。

2. **党建引领作用需要继续加强**。首先，在党团班一体化建设工作中明确党建引领的核心地位。无论是制订工作计划，还是完成具体任务，都应坚持党的领导，确保党的路线、方针、政策在一体化工作中得到全面贯彻和执行。要将党建工作与业务工作同部署、同落实、同考核，确保党建引领作用的充分发挥。其次，要强化党员先锋模范作用，党员是党的全部工作和战斗力的基础。我们要通过加强党员教育和管理，提高党员的党性觉悟，发挥先锋模范作用。在工作中，党员要带头遵守党的纪律，执行党的决定，完成党交给的任务，以实际行动体现党员的先进性和纯洁性，影响和带动身边的群众。

3. **党建活动的创新度不高，学生的参与度不高**。为了增强党建工作的吸引力和实效性，要创新党建活动的形式。可以通过开展主题党日活动、党员志愿服务、党员责任区等方式，让党员在参与活动的过程中增强党性修养、提高思想觉悟。同时，也要注重活动的实效性，确保活动能够真正起到提升党员素质、推动工作发展的作用。

三、学生工作方法总结

高校党、团、班一体化建设是推进思想政治教育的重要途径，旨在引导学生树立正确的世界观、人生观和价值观。在实施过程中，不仅要注重形式上的统一，更要追求实质上的融合。要结合学生的实际需求，开展丰富多彩的活动，提高学生的参与度和认同感。

1. **激发学生爱国热情和责任感**。通过组织具有吸引力和时代感的党团活动，如主题演讲、辩论赛、志愿服务等，让学生在参与中体会到党的光辉历史和伟大成就，激发爱国热情和社会责任感。同时，还应结合专业特色，开展具有学术性和实践性的活动，让学生在学术探索和实践锻炼中不断提升自己的综合素质和能力。

2. **尊重学生的主体地位和创造精神**。关注学生的个性化需求，在推进党、团、班一体化建设的过程中，尊重学生的主体地位和创造精神。通过建立健全沟通机制，及时了解学生的思想动态和学习生活情况，为他们提供个性化的指导和帮助。同时，还应注重培养学生的自我管理能力，引导他们积极参与班级和团支部的日常管理，提高自我管理、自我服务、自我教育的能力。

总之，高校党、团、班一体化建设是一项系统工程，需要在实践中不断探索和创新。通过加强组织协调联动能力、增强党建引领作用、创新党建活动形式，推动党、团、班之间的深度融合和发展，为学生的健康成长和全面发展提供有力的保障和支持。